公認アスレティックトレーナー専門科目テキスト ＋ワークブック

スポーツ科学

文光堂

編集・執筆者一覧

編　集

　　山本　利春　　（国際武道大学）

執　筆（掲載順）

　　尾縣　貢　　　（筑波大学）
　　眞鍋　芳明　　（国際武道大学）
　　石毛　勇介　　（国際武道大学）
　　征矢　英昭　　（筑波大学）
　　高妻　容一　　（東海大学）

執筆協力

　　松井　崇　　　（筑波大学）
　　岡本　正洋　　（筑波大学）

日本体育協会のスポーツ指導者資格の詳細については，日本体育協会ホームページをご参照ください．
http://www.japan-sports.or.jp/coach/index.html

発行に寄せて

　このワークブックは，公益財団法人日本体育協会公認アスレティックトレーナーの資格取得を目指す皆さんが，アスレティックトレーナーとして備えるべき知識を習得するための教材として，自宅学習の充実を図るために作成したものです．

　アスレティックトレーナーとして必要とされる知識や技能は広い分野に及ぶため，限られた講習時間ですべてを身につけることは困難であり，自宅学習が必要不可欠です．

　そこで，このワークブックではテキストをもとにして各自でその内容について理解を深められるよう，テスト形式で構成していますので，テキストと併せて繰り返し学習することができます．ぜひ有効にご活用ください．

　競技者のパフォーマンスを高めるためのサポーターとして，主に競技特性に応じた技術面を担当するコーチ，そして医療を担当するスポーツドクターとともに，コンディショニングの専門家としてのアスレティックトレーナーに対する期待はますます高まってきています．

　そしてアスレティックトレーナーには，競技者を中心にコーチ，スポーツドクターや他のスタッフとの調整役も求められ，コミュニケーションスキルも必要となります．この意味で知識，技能を習得することはもとより，さまざまな役割を担う多くの関係者から信頼されるようヒューマニティを磨く努力を怠らないでください．自身と誇りを持って使命を全うするアスレティックトレーナーが多数誕生し，活躍してくれることを期待しております．

公益財団法人日本体育協会　指導者育成専門委員会
アスレティックトレーナー部会長　河野一郎

このワークブックは，専門科目テキスト第1巻の「アスレティックトレーナーの役割」と第9巻の「スポーツと栄養」を除いて，基本的にテキストに対応した形で分冊になっています．ただし，第2巻の「運動器の解剖と機能」と第3巻の「スポーツ外傷・障害の基礎知識」は併せて1分冊に，またテキストのない「スポーツ科学」についてはワークブックを作成し，自宅学習を補助するための原稿を新たに書き起こして掲載しています．

序　文

　スポーツ現場におけるスポーツ医科学サポートを実施するアスレティックトレーナーにとってスポーツ科学は，アスレティックトレーナーに必要な専門領域の知識や技術を学習するうえで，その基礎となる大変重要な知識といえます．

　公益財団法人日本体育協会公認アスレティックトレーナー専門科目のカリキュラムにおいては，「トレーニング科学」「バイオメカニクス」「運動生理学」「スポーツ心理学」の4科目が「スポーツ科学」として位置づけられています．これまで，「スポーツ科学」は特にアスレティックトレーナー養成専用のテキストはなく，公認スポーツ指導者養成テキスト共通科目の内容に網羅されていました．しかし従来，アスレティックトレーナーが学習しやすいようにまとめられたスポーツ科学の教材の必要性が強く求められていました．

　本書は，そのようなニーズを踏まえて作成されたものです．既に発刊されている『公認スポーツ指導者養成テキスト』共通科目Ⅰ～Ⅲの内容を整理し，さらにアスレティックトレーナーとしての専門性を加味した，いわば「アドバンス編」としてまとめられています．

　本書の内容は，「トレーニング科学」「バイオメカニクス」「運動生理学」「スポーツ心理学」の各科目ごとに，1．各分野の概要の解説，2．アスレティックトレーナーが各科目の知識がなぜ必要となり，競技現場，リハビリテーション現場などでどのような形で応用できるかなどについての解説（学習の意義），3．具体的な方法や事例の解説（実際）といった流れで構成されています．特に具体的な方法や事例に関する内容においては，アスレティックトレーナーの活動内容にかかわる事象や場面を想定し応用しやすいような内容になっています．

　また，読者の皆さんが自分で予習・復習できるように，各分野の記述内容をセルフチェックできる課題を設け，巻末に「セルフチェック」として掲載しており，知識の整理や理解の補助に活用できる構成になっています．

　なお，公認アスレティックトレーナー専門科目テキストの内容との関連では，トレーニング科学においては「第6巻予防とコンディショニング，A．④トレーニング計画とコンディショニング」，バイオメカニクスにおいては「第5巻検査・測定と評価，C．スポーツ動作の観察と分析」も合わせて学習の参考にしていただくことをお勧めします．

　本書が読者の皆さんの「スポーツ科学」の学習の参考資料として役立てていただければ幸いです．

山本利春

目 次

第1章　トレーニング科学 …………………………………………………… 1

はじめに ……………………………………………………………………… 2
1. トレーニング科学とは ………………………………………………… 2
   1) トレーニング条件の設定　2
   2) トレーニングプラン　4
2. トレーニング科学を学習する意義 …………………………………… 6
3. トレーニング科学の実際 ……………………………………………… 6
   1) 筋力トレーニング　6
   2) プライオメトリックトレーニング　8
   3) スピードトレーニング　10
   4) 持久力トレーニング　12

▶セルフチェック ……………………………………………………………… 14

第2章　バイオメカニクス …………………………………………………… 17

はじめに ……………………………………………………………………… 18
1. バイオメカニクスとは ………………………………………………… 18
2. バイオメカニクスを学習する意義 …………………………………… 20
3. バイオメカニクスの実際 ……………………………………………… 21
   1) 背筋力測定のバイオメカニクス　21
   2) 垂直跳びのバイオメカニクス　23
   3) スクワット動作のバイオメカニクス　25
   4) 自転車エルゴメーターのバイオメカニクス　26
   5) 等速性筋力測定のバイオメカニクス　27

▶セルフチェック ……………………………………………………………… 29

第3章　運動生理学 …………………………………………………………… 33

はじめに ……………………………………………………………………… 34
1. 運動生理学とは ………………………………………………………… 34
2. 運動生理学を学習する意義 …………………………………………… 34
3. 運動生理学の実際 ……………………………………………………… 35
   1) 神経系の運動生理学　35

  2）運動と筋肉　37
  3）エネルギー代謝の運動生理学　39
  4）呼吸循環の運動生理学　42
  5）ホルモンの運動生理学　43
  6）健康づくりの運動生理学　46

▎セルフチェック……………………………………………………………………………… 49

第4章　スポーツ心理学　51

はじめに……………………………………………………………………………………… 52

1. スポーツ心理学とは ……………………………………………………………………… 52
2. スポーツ心理学を学習する意義 ………………………………………………………… 53
3. スポーツ心理学の実際 …………………………………………………………………… 53
  1）スポーツの技能を向上させるための心理的側面　53
  2）チームワークや人間関係に関する心理的側面　53
  3）心理面を考慮した指導法　54
  4）選手の心理面の強化　54
  5）心の健康（メンタルヘルス）　55
  6）スポーツ外傷・障害と心理的側面　56
  7）動機づけ（やる気，モチベーション）　56
  8）選手のやる気（モチベーション）を高める方法　57
  9）心技体のバランス　58
4. 心理的スキルトレーニングの活用 ……………………………………………………… 58
  1）心理的サポートとは　58
  2）選手の心理的側面の分析　60
  3）イメージトレーニング　60
  4）イメージトレーニングの具体的な方法　60
  5）集中力を高めるテクニック　61
  6）プラス思考のトレーニング　62
  7）気持ちの切り替え　62

▎セルフチェック……………………………………………………………………………… 64

解答編　68

第1章
トレーニング科学

1. トレーニング科学とは
2. トレーニング科学を学習する意義
3. トレーニング科学の実際

第1章 トレーニング科学

トレーニングには，体力トレーニング，技術トレーニング，戦術トレーニングなどが含まれるが，本章ではアスレティックトレーナーにとって重要度の高い体力トレーニングに焦点を当て，トレーニング科学の基礎であるトレーニングの条件の設定とトレーニングプランの作成について理解することで，トレーニング科学を学習する意義を確認する．そのうえで，スピード，筋力，持久力といった体力要因ごとのトレーニングの具体例について触れる．

はじめに

アスリートの身体能力は，トレーニングによって向上する．しかし，行い方次第では期待する効果は得られず，逆に体調を崩したり，スポーツ外傷・障害を招くため，トレーニングは「諸刃の剣」といえる．

では，トレーニングを安全に，しかも合目的的，効率的に展開していくためには，どうすればよいのだろうか．それは，コーチとアスレティックトレーナー（以下，トレーナー）の両者がトレーニング科学に関する正確な知識を持ち，互いに補いながらアスリートのトレーニング実践に関与していくことである．

以下にトレーナーとしてトレーニング現場に活かすことのできるトレーニング科学を解説していく．

1. トレーニング科学とは

トレーニング科学とは，人間の運動のパフォーマンス向上を目指して行われる種々のトレーニングに関する実証可能な知識を体系化したものだといえる．

トレーニング現場の現状を鑑みると，トレーニング科学のなかでもトレーニング条件の設定とトレーニングプランの作成が最重要課題といえる．

1）トレーニング条件の設定

トレーニングにより体力が高まるのは，生体が運動という刺激に反応し，その刺激に耐えることができるように適応していくからである．そのため生体への刺激の種類と刺激の与え方が少しでも変われば，生体の反応も変わってくる．

このような刺激と反応の関係を利用し，最大限のトレーニング効果を上げようとすれば，トレーニング条件を的確に設定することが鍵となる．

考慮すべきトレーニング条件には，運動の種類，強度，継続時間（反復回数），セット数，休息時間，実施頻度などがあるが，これらの重要性について考えてみよう．

①運動の種類

バーベルを持ち上げるようなレジスタンストレーニングでは，神経と筋肉に強い負荷がかかり，筋肉の働きをコントロールする神経が促通されたり，筋線維が太くなる（筋肥大）．一方，長い距離を走るような持久性トレーニングでは，肺，心臓，血管などの呼吸・循環器や筋肉が酸素を利用したり，代謝産物を分解しやすいように適応していく．このように，実施する運動によって刺激を受ける器官は異なり，高まる体力要因も変わってくる．

②運動強度・継続時間（反復回数）

同じランニングであっても，ジョギングのように長い距離をゆっくりと走れば，主

に全身持久力を高めることができ，400m走のように乳酸産生が最大になるようなスピードで走れば筋持久性を高めることができる．また，数十mのダッシュのように爆発的なスピードで走れば，筋力・パワー，敏捷性などが改善される．このように強度，そして強度設定に伴う継続時間の設定はきわめて重要である．

運動強度・継続時間の条件と効果の関係を検証した2つの研究をあげてみよう．図1は，挙上する重量と反復回数を変えてアームカールを実施したときの効果の違いを示している[1]．Maxは最大筋力の90%以上の負荷で反復回数が3回以上，パワーは最大筋力の45%の負荷で8回を全力で反復，MRは最大筋力の70%で12回の反復という条件であった．最大筋力における効果に大差はないものの，力の立ち上がり（筋力発揮の集中性）では，MRはほとんど効果がなく，Maxで大きな改善がみられた．筋肥大ではMRが大きな効果を得たが，Maxとパワーはその半分程度の効果であった．

もう1つは，日本の女子トップスプリンターの1年間の形態，体力，動作を追跡した研究である[2]．この研究では，比較的低いスピードの走り込みが多い冬季に大腰筋の発達がみられず，高いスピードのランニングが多い競技会期に肥大しているという結果が得られた．これは，高いスピードのランニングでは，キック脚の後方から前方への動作の切り返しで，大腰筋の肥大につながる大きなエキセントリックな力がかかるからである（図2）．この2つの研究からトレーニングの目的に応じて，強度と継続時間（反復回数）を的確に設定することの重要性を知ることができる．

③セット数と休息時間

ここまでにあげたトレーニングの条件以外にも，セット間の休息（回復）時間も見落としてはいけない．図3は，Kraemerらの研究[3]の一部である．これは，大筋

図1 ● 負荷強度から分類した筋力トレーニングの種類と効果の関係

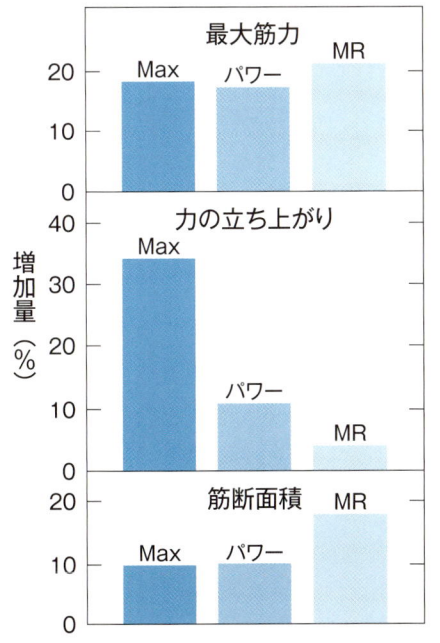

Max：90% Maxで3回以内の反復
パワー：45% Maxで8回を全速で反復
MR：70% Maxで12回反復

（Schmidtbleicher D, et al：1987[1]より）

図2 ● シーズンを通したハムストリングスと大腰筋の断面積の推移：女子一流スプリンター

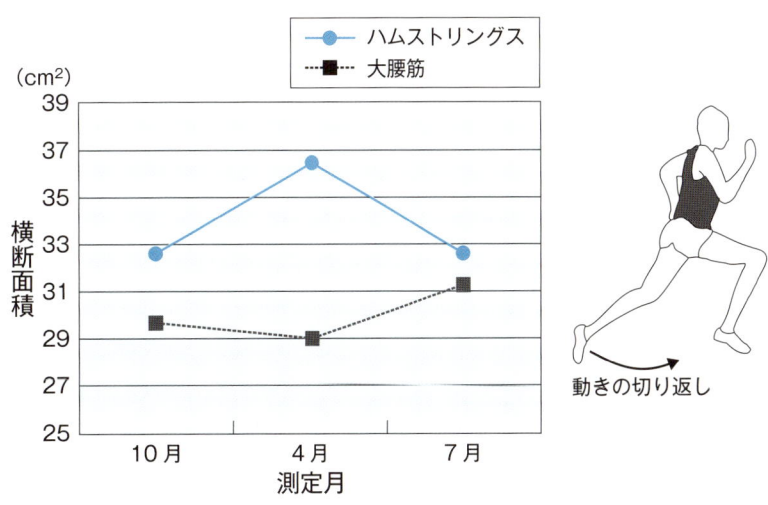

（新井宏昌ほか：2004[2]より）

第1章

図3● レジスタンストレーニングにおけるセット間の休息時間と成長ホルモンの分泌量の関係

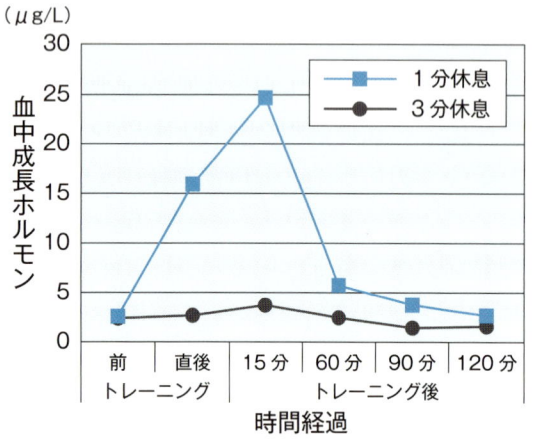

（Kraemer WJ, et al：1990 [3]）より）

1 RM：repetition maximum，10 RM は最大で10回挙上できる重量を指す．

群のレジスタンストレーニングにおいて，10 RM [1] で休息を1分とした場合と3分とした場合での筋や骨の発育などに関係する成長ホルモンの分泌量の違いを比較検証したものである．セット間1分では，3分に比較するとホルモン分泌量が顕著に高いことが知見として得られている．同じ運動，同じ回数でも，セット間の休息時間によって効果の差は大きく，トレーニング条件の設定には繊細さが求められることが理解できる．

2） トレーニングプラン

プランを作成し，それに沿ってトレーニングを実践することもトレーニング効果を高めるうえで大切である．プランなしで，思いつくままにトレーニングを続けると内容が偏ってしまうおそれがある．その結果，いつまでも技術的な弱点を克服できなかったり，偏った体力の発達を招くことになる．

トレーニングプランには，年間（長期），月間（中期），週間・1日（短期）などがあるが，これらすべての基礎にはトレーニングと回復の関係がある．すなわち，毎日のトレーニングに強弱をつけたり，休養の配置の仕方を考えたりすることがプラン作成にはきわめて重要なのである．

具体的には，Yakovlev [4] が唱えた超回復の原理の適応で，この原理を模式的に示したものが**図4** [5]である．**図4a**のように，トレーニングというストレス（負荷）が与えられると，身体は疲労状態に陥り，一時的にその機能は低下する．その後，休養（回復）をとると，ある時間に達した時点で低下していた機能がトレーニング前のレベルを超える状態にさしかかる．これを超回復現象と呼んでいる．超回復の状態で，次の適切なストレスとなるトレーニングを行えば，さらなる超回復を迎えることができるのである．このように，負荷と回復をうまく配置したトレーニング計画を実践すれば，身体の機能は**図4b**のように右肩上がりに改善されていく．もし，回復が不十分な場合には，**図4c**のようにトレーニング

図4● 休息時間と回復との関係

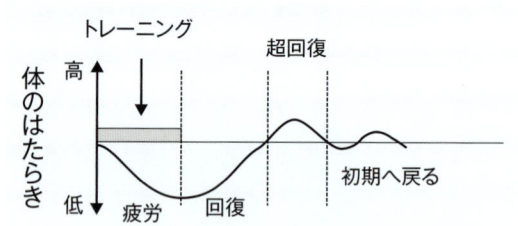

a. トレーニング後に適切な休息をとった場合

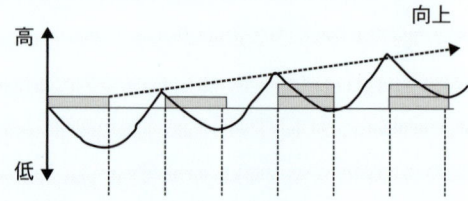

b. オーバートレーニングの場合

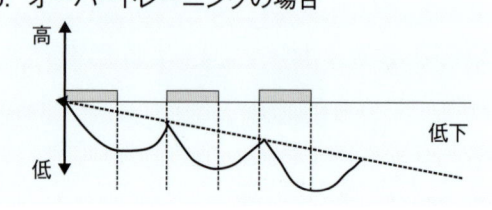

（日本体育協会：1997 [5]）を改変）

前の水準に達しないまま，次のストレスを受けることになるので，機能は右肩下がりを示してしまう．

この休養の設定は簡単なことではない．なぜなら回復時間は運動の種類や強度，競技者のレベルや年齢などによって異なるからである．

図5は，トレーニングの種類によって回復時間が異なることを示している．Brownら[6]は，エキセントリクス[2]による筋ダメージとコンセントリクス[3]による筋ダメージでは，回復に要する時間は大きく異なると指摘している[6]．グラフは，等速性筋力測定装置による50回の膝関節伸展運動後のクレアチンキナーゼの変動を示している．筋の損傷の指標となるクレアチンキナーゼは，コンセントリクスの場合，翌日にはほぼ運動前の水準に回復するが，エキセントリクスでは元の水準までの回復には9日間も要していることがわかる．すなわち筋力・パワートレーニングでは，それぞれの運動で用いられた筋収縮様式も考慮して回復時間を設定しなければならないのである．

図6は，2名の長距離ランナーが30kmタイムトライアルという高強度のトレーニングを行った直後と，その回復過程における乳酸脱水素酵素（LDH）とグルタミン酸-オキサロ酢酸トランスアミラーゼ（GOT）の変動を示している[7]．30km走という同じストレスをかけた場合においても，血清酵素活性から評価できる回復程度には，大きな差が生じている．A選手は，筋などの組織炎症や損傷の指標となるLDH，心臓や肝臓に多く分布し激運動後に活性値が急激に上昇すると考えられているGOTの両方とも，B選手に比較して運動後の上昇が顕著であり，しかも遅い回復を示している．これは，回復の過程には個

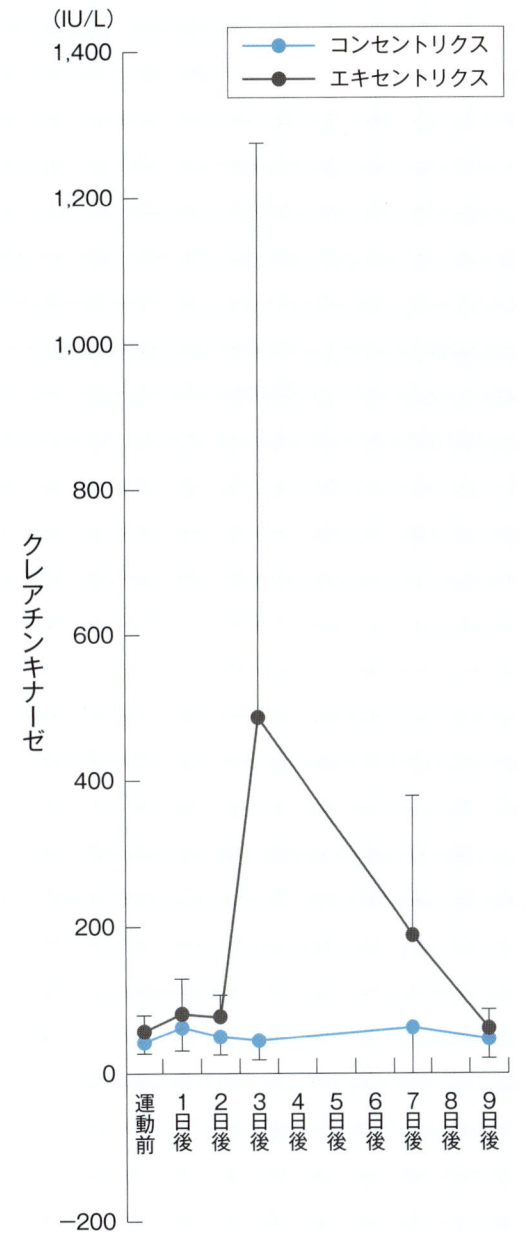

図5 ●筋の収縮様式と筋ダメージとの関係

(Brown S, et al：1999[6]より)

2 エキセントリクス：筋肉が伸ばされながら力を発揮する収縮を強調したトレーニング

3 コンセントリクス：筋肉が縮みながら力を発揮する収縮を強調したトレーニング

人差がみられ，トレーニングの個別性の原則を重視すべきであることを意味する．

ここまでに述べてきたトレーニング条件の設定，トレーニングプランの作成は，トレーニング科学では基本中の基本であり，熟知しておかなければならない．これらのうえに，スピード，筋力，持久力などといっ

図6 ● 30 km 走後のLDHとGOTの回復過程の事例

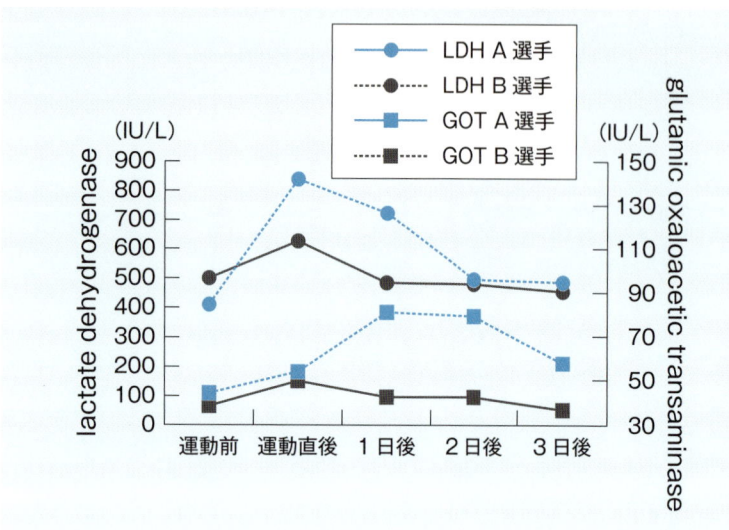

（千住泰之ほか：未発表資料[7]より）

た体力要因ごとのトレーニング科学が存在するのである．

トレーニング科学を広く深く学習するときには，運動生理学・生化学，発育発達学，解剖学，バイオメカニクスなどの関連分野の知識や情報をもったうえで，トレーニング現場での活動を積み重ねていく必要がある．

2. トレーニング科学を学習する意義

目の前にいるアスリートの競技力を高めようとすれば，的確なトレーニング指導が必須となる．それが，サッカー選手であろうと，マラソンランナーであろうと，また，中学生，成人といった発育段階，男女の性別にかかわらず，この幅広いアスリートを対象に安全で効率のよいトレーニングを指導するためには，豊富なトレーニング科学に関する知識のうえに経験を積み上げていくことが大切である．

この過程は，コーチとの共同作業になることが多い．そこでは，トレーナー，コーチ両者の役割の分担を明確にしたうえで，連携・協力することが大切になってくる（図7）[8]．コンディショニングおよびリハビリテーションをトレーニングの一環ととらえると，トレーナーのトレーニングへのかかわりはきわめて広く深いものであることがわかる．そのためトレーナーには，トレーニング科学の学習が大切なのである．

3. トレーニング科学の実際

1) 筋力トレーニング

筋力トレーニングとは，身体要素を強化するというトレーニングの目的を，筋力に特化させたトレーニング方法を意味している．この目的を達成するために筋へ対する外的負荷をとして多用される手段が，バーベルなどの重錘を利用したウエイトトレーニングである．重量物を用いて筋に負荷をかけ，超回復を生じさせるウエイトトレーニングは，さまざまな競技で必須ともされるトレーニング手段である．

その一方で忘れてはならないのが，多くの競技者においては，こうした筋力向上の先に専門とする競技パフォーマンスの向上があるということである．ややもすれば競技者自身のみならず，トレーナーまでもがウエイトトレーニングにおける最大挙上重量

図7 ● コーチとアスレティックトレーナーの役割分担

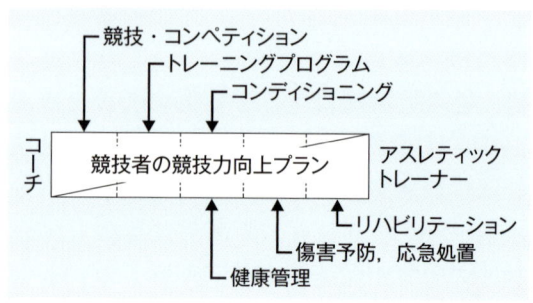

（佐々木秀幸：2002[8]より）

ばかりに着目してしまい，とにかく高重量を挙上できればよいという偏った考え方に陥りがちである．特に，ウエイトトレーニングは筋力トレーニングと同義語として扱われてしまうことが多く，バーベルを使わなければ筋力は強化しにくいと勘違いをしてしまう．ウエイトトレーニングによって強化された筋力は，あくまで重錘を挙上することによって作り上げられたものであり，より専門的競技に近い形態で強化しなければ，競技パフォーマンスの向上は期待できないということを忘れてはならない．ただし，こうした競技的運動に近い形態の筋力トレーニングは補強運動やスキルトレーニングなどと表現されることが多く，狭義では筋力トレーニングと分けてとらえられているため，本項では省略する．

また，筋力トレーニングを行う際に，特にトレーナーが注意しなければならないのは，リハビリテーションの一環として筋力トレーニングに取り組む競技者，そして筋力トレーニングを始めたばかりの初級者へ対する指導である．実際の競技現場においても，トレーナーはコーチ的役割として，指導を要求される状況も多い．特に上記のような初級者などに対しては，傷害予防のために，正しい用器具の扱い方，正しいフォームを指導することが重要である．

①用器具
重量物であるバーベル，プレートの扱いに注意することは当然であるが，最も気をつけなければならないのは足場である．クリーンやスナッチなどのクイックリフトでは，足を瞬時に踏み換えて踏ん張る局面が存在する．重量物を担いだままで，汗や埃などによって滑ってしまうと，大きな傷害を招いてしまうことも考えられる．トレーニング中は，競技者の周囲だけでなく，足場にも気を配る必要がある．

②グリップ
バーベルとの唯一の接点であるグリップは，その種目に応じた正しい方法でなければならない．ベンチプレスなどのように，身体の上方にバーベルを挙上する種目においては，必ず親指を外側から握り込むオーバーハンドグリップを使わなければならない．ウエイトトレーニングにおいて，競技者は身体の操作が困難となる限界領域まで心身に負荷をかけることも珍しくない．その際，正しいグリップで行われていないと，予期せぬバーベルの落下などが生じるため，注意が必要である．

また，クリーンやスナッチ，さらにデッドリフトなどのように，全身の力が腕を通してバーベルに伝えるような種目では，握力が限定要因となってしまい，高い負荷を身体に加えられない場合がある．その際に利用されるのがストラップである．ストラップによって手とバーベルを強固に連結することで，全身の力を手で支え，完全にバーベルへと伝えることができるようになる（図8）．トレーナーは正しいストラップの使用方法についても理解しておくべきである．

③姿勢
多くのトレーニング種目において注意しなければならない点が，腰背部のアーチ形成である．特にスクワットにおいて殿部および大腿後面を対象筋群とする場合は，股関節の屈曲角度を確保するために骨盤を前傾しなければならない．その際，十分な腰椎前弯を形成できない場合，バーベルの重心線が身体重心の重心線よりも前方に位置してしまい，上半身が前方へ回転するモーメントが生じてしまう．当然，スクワットの姿勢を保つためには，腰背部の大きな緊張が必要となってしまい，必要以上の負荷が加わることで，腰痛を生じさせる原因と

図8 ●ストラップの使用方法
ストラップを使用することで，握力が限定要因にならずに済むため，より高重量を扱うことが可能である．また，バーベルだけでなく，懸垂などにも応用できる．

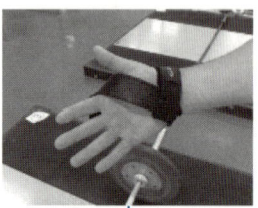

ストラップの輪を手首に通す．専用に市販されているタイプだと扱いやすい．

ストラップをシャフトへ巻きつけ，しっかりと締めつける．十分に締めつけ，ストラップを通して手首に重さを感じることができるようにしておくこと．

ストラップごとシャフトを握りしめることで完成．

図9 ●バーベルとの位置関係がスクワットの姿勢に与える影響
ローバースタイルを利用することで，上半身を前方へ回転させるモーメントが減少し，腰部に対する負担を軽減できる．

肩峰上にシャフトを担ぐハイバースタイル　　肩甲骨上面にシャフトを担ぐローバースタイル

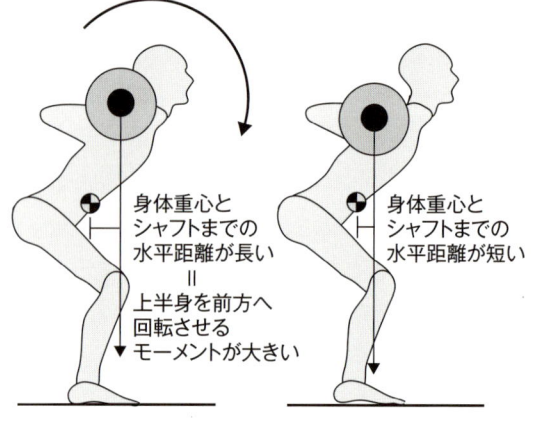

なる．そのため，股関節伸展筋群をスクワットにて強化する場合は，腰痛を生じさせないためにバーベルの担ぐ位置を変更し，バーベルの重心線と，身体重心の重心線を合致させるなどの工夫が必要となる（図9）．

一方，上半身の筋群強化として多用されるベンチプレスでは，大きな腰背部のアーチを形成することで大胸筋の腹部線維を積極的に動員させる方法が知られている（図10）．挙上する重さそのものを競うパワーリフティングなどで多用される方法であるが，大きなリスクを伴うため，専門的な指導を受けていない競技者は実施するべきではない．

また，競技者はより重い負荷を挙上するために多くの場合，反動動作を用いる．筋腱複合体の弾性要素を利用した挙上方法であり，多くの競技運動は反動的要素を有しているため，ウエイトトレーニングにおいても重要な技術といえる．しかし，対象筋群を十分に理解したうえで行わなければ，負荷は分散してしまい，十分なトレーニング効果が得られないことも理解しておかなければならない．そのような理由から，初級者やリハビリ初期においては，積極的な反動を用いないストリクトスタイル[4]を重視するべきである．

2）プライオメトリックトレーニング
プライオメトリックスとは，ギリシャ語で長さの増大を意味する言葉を組み合わせたものであり，現在では筋腱複合体の伸張-短縮サイクル（stretch-shortening cycle：SSC）を主に利用した運動である

---

[4] ストリクトスタイル：下降から挙上への切り返し局面において反動を用いずに行う方法．stretch-shortening cycle を極力利用せずに，筋腱複合体の収縮要素のみによって挙上を行う．

図10 ●大胸筋腹部線維を動員させるためのベンチプレス
腰背部のアーチを極端に大きくすることにより，大胸筋の腹部線維の短縮方向とバーベルの挙上方向が近づき，大胸筋腹部線維の強大な力が挙上に貢献しやすくなっている．下段は台に足を乗せて，よりアーチを作りやすくした状態．

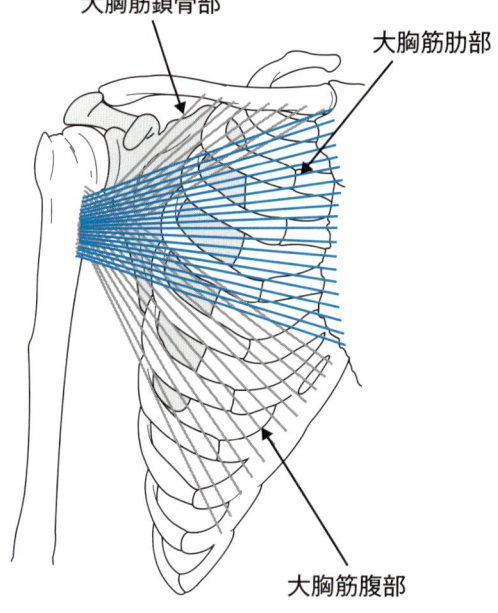

といえる．SSCにおいて最も重要であるのが，筋が伸張される局面（反動局面）における主動筋の適度かつタイミングのよい活性化と，腱に貯蔵された弾性エネルギーを後に続く短縮局面への素早い移行によって効果的に再利用することである[9]．そうすることで主運動の終末局面，つまり跳躍や疾走などでは離地時，投擲においてはリリース時に発揮されるパワーを高めることが可能となり，高い競技パフォーマンスを生み出すことにつながる（図11）．

最も一般的なプライオメトリックトレーニングは，下肢の強化を目的としたジャンプ系のトレーニングである[10]．一方，メディシンボールやバーベルなどを利用することで，体幹および上肢でもプライオメトリックトレーニングを行うことは可能である（図12）．

なお，こうしたプライオメトリックトレーニングは，瞬間的に大きな負荷が身体に加わるため，傷害の危険性も高い．十分な筋量，そして筋パワー発揮能力を獲得できている状態で行われる必要があるが，たとえ条件を満たしていても，トレーニング頻度には十分に気を配らなければならない．

図11 ●反動動作と腱の役割
SSC（伸張-短縮サイクル）を利用することで，腱に貯蔵された弾性エネルギーを後に続く短縮局面への素早い移行によって効果的に再利用することである．

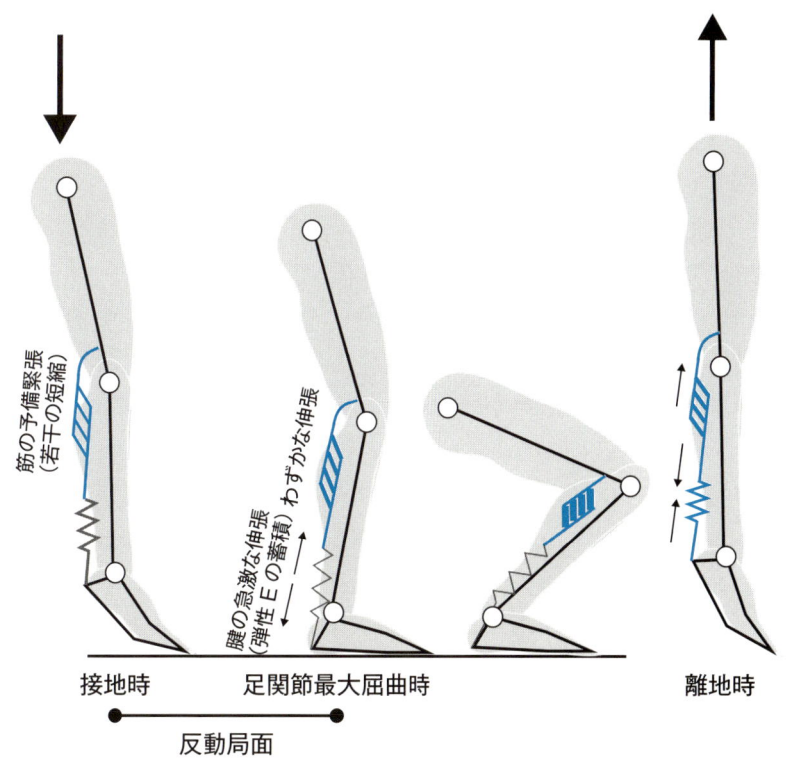

（深代千之：2000[9]をもとに作図）

図12 ● 上肢および体幹のプライオメトリックトレーニング
落下の衝撃や補助者による瞬間的外力を受け止め，はじき返すことで，SSC を引き出すトレーニング方法．

前方へ倒れ込み，上肢と体幹で衝撃を受け止める．

補助者が後方へ瞬間的に負荷をかける．

落下してくるメディシンボールを上肢で受け止め，はじき返す．

補助者が瞬間的に上から負荷をかける．

3) スピードトレーニング

スピードトレーニングとは，文字どおり身体を動かす，移動する速度を高めることを目的としたトレーニング方法であり，さまざまな手段で実施される．身体を動かす速度については，刺激に対する反応速度，切り返しを含めた動き出しの速度，最高速に至るまでの加速度，そして最高速度の4つに大別できる．注意しなければならないこととして，こうした能力はそれぞれが独立したものではなく，他の体力要素が組み合わさった，きわめて複合的な体力要素であるという点があげられる．

①刺激に対する反応速度

ボクシングや剣道，フェンシングなどに打突系格闘技，また野球のバッティングやバレーボールのスパイクなどにおいてきわめて重要である．しかし，刺激に対する人間の反応速度は限界があることが知られており，視覚刺激や聴覚刺激で多少異なるものの，その時間は 0.2 秒程度とされている．

これに対し，競技者が 0.2 秒よりも短い時間で放たれるボクサーのパンチをかわし，時速 200km にも達するバドミントンのスマッシュをはじき返すことができるのは，反応速度を強化した結果ではない．それまでの経験から，その軌道を予測できるようになったことが原因であり，小脳の学習能力によるものである[11]．つまり，刺激に対して正確に身体を動かすという点において最も重要なのは，反射神経ではなく各局面における経験の蓄積である．

②動き出し・切り返しの速度

球技などにおける方向転換の鋭さ，格闘技などにおける俊敏なステップワークが当てはまり，クイックネスおよびアジリティという言葉で表現されることも多い．いずれも下肢のバネ，つまり筋腱複合体の弾性要素をうまく利用することが必須条件となり，そのトレーニング方法はプライオメトリックトレーニングに準じた，弾性要素を強化することが中心となる．こうしたトレーニングで重要なのは，いかにして腱組織を瞬間的に伸張させるかという点であり，反復横跳びや，ボックスなどを使った連続ジャンプが代表的なトレーニング方法となる．いずれも接地瞬時には足関節を固

める意識を持ち，接地時間をできるだけ短くする努力が重要である．

また，単純に切り返しの速度を高めるのみではなく，俊敏なステップワークへとつなげるためには，切り返しの方向についても考えなければならない．特に球技種目に関しては，一方向だけではなくさまざまな方向へ自由自在に切り返す能力を養うことが重要である（図13）．このような切り返し，ターン動作を行う際には，下肢関節に大きなねじれが生じやすく，傷害の危険性も高い．減速，停止，切り返し，ターン動作に関しては，常に最適な姿勢を制御しながら行われなければならない．

③加速度（加速能力）および最高速度

サッカーやラグビーにおける急激なダッシュにおいて求められる能力である．陸上競技の100m走において，一般的に40～50m程度で最高速度へ到達することを考えると距離にして30～40m，時間にしておよそ5秒という範囲内で，どれだけ素早く動くことができるかが加速能力には重要と考えられる．

基本的に，身体の移動速度はピッチとストライドの積で表すことができる．ピッチを高めるためには，自転車ペダリングにお

図13●ステップワークの改善を目的とした各種アジリティトレーニング

ここに示したものはほんの一例であるが，素早い方向転換が求められる条件設定を行うことが重要である．切り返し時の姿勢に注意することで，外傷・障害予防だけでなく，姿勢制御能も向上させることができる．

異なる色のコーンを五角形に並べ，補助者が指示した色へ素早く移動する．

※つま先と膝の向きに注意
写真は knee-in & toe-out

ラダーの方向を途中で変更し，ステップを複雑にする．

反復横跳び．距離を工夫したり，ボールを持たせることで，より実践的なトレーニングになる．

スケーターズジャンプ．股関節外転・内転筋群の強化に加え，着地時に姿勢を制御する能力を養う．

ける最高回転数，ラダーを利用したアジリティドリルにおける俊敏なステップワークが重要であることはいうまでもないが，実際の疾走においては接地時の衝撃を受け止め，はじき返すようなプライオメトリック的能力も求められる．このように，疾走速度を決定するピッチおよびストライドは，さまざまな体力要素および技術が複合的に関係し合うことで決定されるため，全面的な体力要素の改善が必要であるといえる．

4）持久力トレーニング

持久力には，有酸素性持久力（全身持久力）と無酸素性持久力（筋持久力）の2つがある．マラソンやクロスカントリースキー，および長距離泳に重要なのはいうまでもなく前者であるが，90分もの間，ストップ＆ゴーを繰り返すサッカーなどは有酸素性持久力をベースとした，高い無酸素性持久力が求められる（図14）．

有酸素性持久力の指標として長らく扱われているのが最大酸素摂取量（$\dot{V}O_2max$）である[12]．最大酸素摂取量は呼吸循環器系の総合能力を表し，酸素を全身に運搬している循環器系の能力が大きく反映される．したがって，有酸素性持久力を向上させるには，心拍数が最大もしくはそれに近いレベルでのトレーニングを持続させることが重要で，そのために利用されているのがインターバルトレーニングである．その一方で，有酸素性持久力の鍵を握る循環器系組織，つまり肺や毛細血管を発達させるには，筋などと異なり，比較的長時間の連続した刺激が必要とされる．そのため，LSD（long sow distance）と呼ばれるような長時間にわたる持久走，そして自転車ペダリングなども有酸素性持久力向上には必要である．

一方，無酸素性持久力の向上にはATP-PCr系，そして乳酸系のエネルギー供給機構を最大限に動員する必要がある．こうしたミドルパワーを高めるには，乳酸が多量に作られるような運動強度，つまり2～3分で疲労困憊となるような運動を用いたレペティショントレーニング，もしくは高強度運動と短時間休息を繰り返すインターバルトレーニングが有効である．

ミドルパワー運動における疲労困憊の主な原因は，乳酸の生成に伴う筋のpH値の低下である．上記のようなトレーニングを積極的に行うことで，筋の緩衝能力が向上し，筋中pH値の低下遅延が生じる．その結果，高強度の運動を持続できるようになるのである．

このように，持久力には代謝系および循環器系の能力が競技成績に大きく反映され

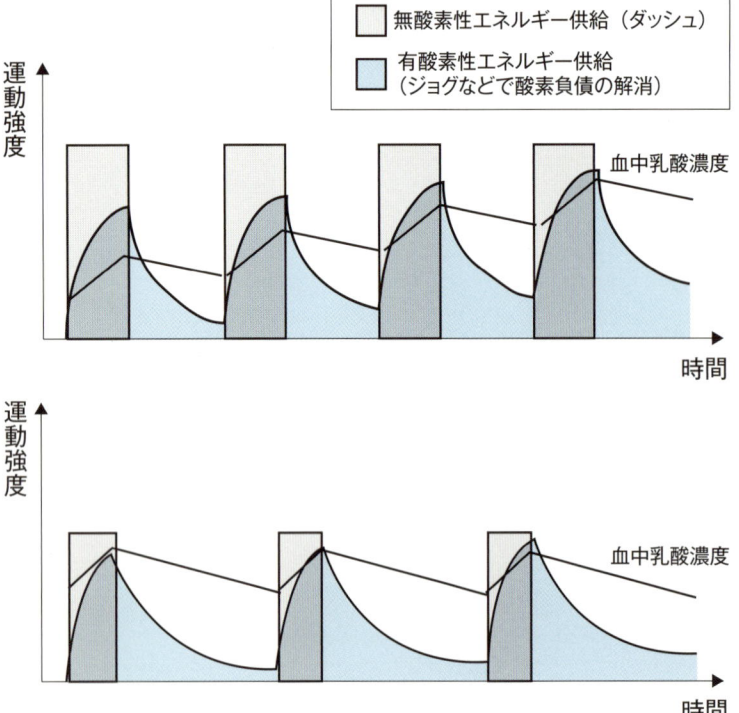

図14 ●球技におけるエネルギー供給機構と血中乳酸濃度との関係
ストップ＆ゴーが繰り返される球技においては，有酸素性エネルギー供給機構をベースに，無酸素性エネルギー供給機構が断続的に機能している．
上：疲労の少ないゲーム前半はダッシュの強度，頻度が高い．無酸素性エネルギー供給機構の割合が高いため，乳酸が蓄積される．下：疲労が蓄積したゲーム後半では，乳酸を十分に緩衝しなければダッシュを繰り返せないため，ダッシュの強度と頻度が低下する．

るが，最大酸素摂取量に加えて，持久系運動において重要な指標となるのが乳酸性作業閾値（lactate threshold：LT），もしくはOBLA（onset blood lactate accumulation）である[12]．LTは血中乳酸濃度が急激に上昇を始める運動強度を，OBLAは血中乳酸濃度が4mmolに達した際の運動強度は示している（図15）．つまり，これらの値が高ければ高いほど乳酸緩衝能力に優れ，長時間運動を持続できる能力が高いといえる．持久力を向上させるためには，いたずらに長い距離，時間を走るのではなく，生理学的指標から各個人に応じた運動負荷を設定することが重要である．

図15 ● 運動強度に対する血中乳酸濃度の変化
同じ最大酸素摂取量を有していても，LTもしくはOBLAの値が高ければ，より高い運動強度でも乳酸を溜めずに運動を持続できる．

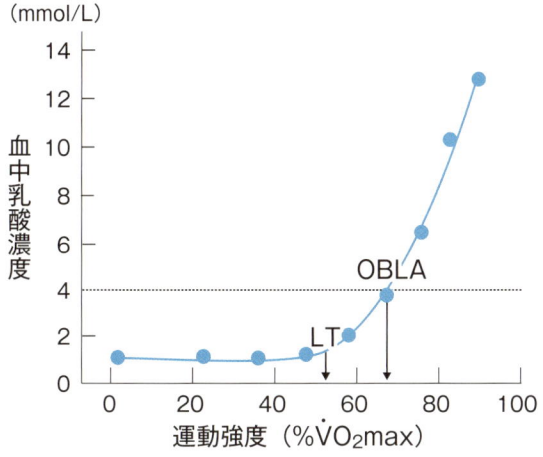

（征矢英昭ほか：2002[12]をもとに作図）

【文献】
1) Schmidtbleicher D, et al：Neural adaptation and increase of cross-sectional area studying different strength training methods, Biomechnics X-B. pp.615-620, 1987.
2) 新井宏昌ほか：国内一流女子スプリンターにおけるトレーニング経過にともなう形態的・体力的要因と疾走動作の変化，体育学研究 49：321-334, 2004.
3) Kraemer WJ, et al:Hormonal and growth factor responses to heavy resistance exercise, J Appl Physiol 69：1142-1450,1990.
4) Yakovlev NN：Biochemistry of sport in the Soviet Union；beginning development and present status. Med Sci Sports 7：237-247, 1975.
5) 日本体育協会編：ジュニア期のスポーツライフマネージメント．1997.
6) Brown S, et al：Indirect evidence of human skeletal muscle damage and collagen breakdown after eccentric muscle actions, J Sports Sci 17：397-402, 1999.
7) 千住泰之ほか：未発表資料．
8) 佐々木秀幸：アスレティックトレーナーテキストⅠ．日本体育協会，pp.14-21, 2002.
9) 深代千之：反動動作のバイオメカニクス．体育学研究 45：457-471, 2000.
10) Bobbert MF, et al：A model of the human triceps surae muscle-tendon complex applied to jumping, J Biomech 19：887-898,1986.
11) 金子公宥，福永哲夫編：バイオメカニクス 身体運動の科学的基礎，杏林書院，pp.77-107. 2004.
12) 征矢英昭ほか：これでなっとく 使えるスポーツサイエンス，講談社，pp.161-164, 2002.

セルフチェック

STEP 1

問 1　トレーニング科学について，以下の_____に適切な語句を入れてみましょう．

1. トレーニングを実施する際に考慮しなければならないトレーニング条件としては，_____，_____，_____，_____，_____，_____などがあげられる．

2. プライオメトリックトレーニングで重要なのは，腱組織を瞬間的に_____させることであり，代表的なトレーニング方法として_____や_____があげられる．いずれも_____を短くする努力が重要である．

STEP 2

問 1　超回復について簡単に述べてみましょう．

問 2　SSC（stretch-shortening cycle：伸張–短縮サイクル）の有効性について，簡単に述べてみましょう．

問 3　持久力トレーニングの指標となる基礎的用語についてそれぞれ簡単にまとめてみましょう．

$\dot{V}O_2max$

LT

OBLA

STEP 3

問1 正しいストラップの使い方を実施してみましょう．また，ストラップを使用する場合と使用しない場合との，前腕にかかる負担の違いを体感してみましょう．

問2 プライオメトリックトレーニングとして，ハードルを用いた連続ジャンプを行ってみましょう．その際，できるだけ接地時間を短くして行った場合と，接地時間にはこだわらずに行った場合との，身体に加わる負荷の違いを体感してください．

問3 スクワットにおいて，ローバースタイルとハイバースタイルを実施してみましょう．その際，上半身を前方へ回転させるモーメントによって生じる腰部の負担の違いを体感してください．

（尾縣　貢・眞鍋芳明）

第2章

バイオメカニクス

1. バイオメカニクスとは
2. バイオメカニクスを学習する意義
3. バイオメカニクスの実際

第2章

バイオメカニクス

本章では，バイオメカニクスの歴史を踏まえ，その全体像を把握したうえでバイオメカニクスを学習する意義を確認し，背筋力測定や垂直跳びといった身近な動作を通じてバイオメカニクスの実際に触れる．

はじめに

大多数のアスレティックトレーナー，もしくはアスレティックトレーナーを目指す人たちにとって，「バイオメカニクス」という言葉は"難しくて""とっつきにくい"というイメージを連想させるようである．これは，何もアスレティックトレーナーに限ったことではなく，多くのスポーツ指導者，選手，スポーツ関連の資格取得を目指す人々にとっても同様であろう．バイオメカニクスが力学を前提としているため，どうしてもこうしたイメージがつきまとうようであるが，今後のスポーツ現場におけるアスレティックトレーナーの活動を考えた場合，バイオメカニクスの重要性はますます大きくなると予想される．なぜなら，これまでどちらかといえば，スポーツ科学の中心は，運動生理学をはじめとした体力面に関するものであった．しかし，近年の映像機器や計測機器の急速な発展はスポーツにおける"動き"の重要性を再認識させ，より効率的な動き，または，傷害発生の可能性が低い動きなどについて，多くの人が考えるようになり，こうした背景をもとにバイオメカニクスをスポーツの現場に応用しようとする動きも活発化してきているからである．

特に，バイオメカニクスの研究的な側面よりも，バイオメカニクス的な考え方をスポーツの現場に応用するということが行われるようになってきている．例えば，ウエイトトレーニングにおいてスクワットを行う場合には，膝とつま先の方向を一致させるように膝を屈曲するということが，より傷害の少ない動きになると考えて，動作をチェックしながら指導を行うといったことは，バイオメカニクス的な考え方を用いて運動指導を行う例である．つまり，膝をつま先の方向よりも内側に絞ってスクワットをすると，どうして傷害を起こしやすくなるのか，といった"なぜ"に対する解答をバイオメカニクスは持ち合わせているのである．もちろん，アスレティックトレーナーはバイオメカニクスの研究者ではないので，"なぜ"に対する証明を行う必要はない．しかし，アスレティックトレーナーがバイオメカニクス的な考え方を持ち合わせていれば，自らが直面した問題に対して，解決のための糸口を得ることができるかもしれない．

本章では，多くのバイオメカニクスの教科書にあるような力学の基本的な事項説明は省略し，アスレティックトレーナーにとっていくらかでも身近に感じることのできる動作を対象として，そうした動作をバイオメカニクス的に考えることによって，スポーツ現場においてバイオメカニクスを少しでも活用できるようにという点に留意し，できる限り平易に解説することを試みる．

1. バイオメカニクスとは

バイオメカニクス（biomechanics）は，生体を意味するバイオ（bio）と力学を意味するメカニクス（mechanics）からなる

造語である．その言葉からも想像できるように，生体を力学的に解析する学問領域である．「運動力学」「生体力学」などと訳されることもあるが，近年はこうした訳語よりも，バイオメカニクスという言葉自体が用いられることが多い．また，スポーツ動作を対象としたバイオメカニクスを特にスポーツバイオメカニクスと呼び，スポーツ科学（sports science）の1領域としてスポーツパフォーマンスの向上や傷害予防に寄与すべく研究が行われている．

スポーツバイオメカニクスではまず，現象をとらえることを基本としている．歴史的にみても，19世紀後半には，Muybridgeがヒトと動物のさまざまな動作をカメラで撮影し，連続写真として表示して分析を行っている（図1）[1,2]．こうした研究をはじめとして現在に至るまで，現象をとらえて分析をするという態度は，スポーツバイオメカニクスの根幹をなすものと考えてよいであろう．

現象としての動きを何らかの手法を用いて客観的にとらえる方法を総称してキネマティクス（kinematics）と呼ぶ．高速度ビデオによる動作の撮影（図2）やモーションキャプチャシステムによる分析（図3）

図1 ● Muybridgeによる撮影画像

図2 ● 高速度ビデオによる撮影

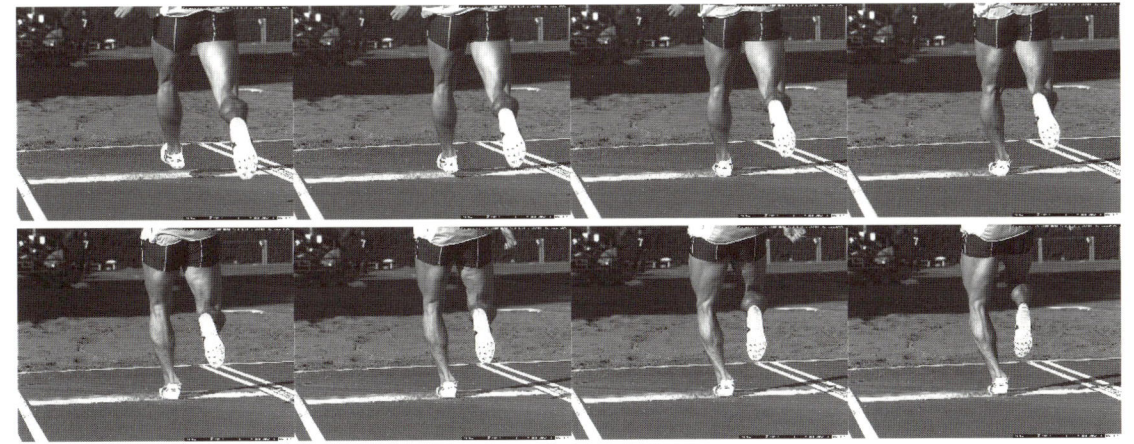

第2章

図3 ●モーションキャプチャシステムを用いた測定

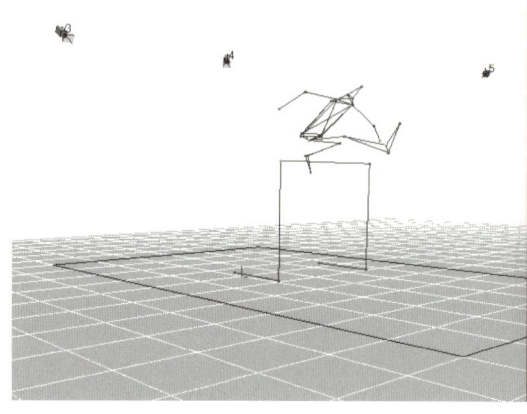

などがキネマティクスに含まれる[3]．キネマティクスはあくまでも結果としての現象を定量するものであり，なぜ，そうした現象が現れたかという点について，キネマティクスのみで立ち入ることができるわけではない．実際にはキネティクス（kinetics）と呼ばれる手法（身体運動に力学を応用し，身体各部に作用する力や関節に作用するトルクなどを定量しようとする試み）と併せて，初めて原因に迫ることができる方法である．

現象としての動きを何らかの手法を用いて客観的にとらえ（キネマティクス），それを手がかりにメカニズムを解明していく手法は，例えば，外に現れる事象を映像として記録し，身体各部に作用する力や関節に作用するトルクなどを計算により求めるといった場合もそうであるし，その他の手法に関しても基本的には同様である．現在でも，こうした手法は逆ダイナミクス（inverse dynamics）と呼ばれ多くのスポーツ動作において用いられている．

また，今後の発展が最も期待される分野として，コンピュータシミュレーションがある．コンピュータシミュレーションは，コンピュータを用いてフォワードソリューション（順ダイナミクス）を実現するものである．現時点では研究対象が単純な動作に限られているが，今後より複雑なスポーツ動作に対して応用されていくことは間違いない．

スポーツバイオメカニクスは，応用科学（applied science）としての側面を強く持っているため，実社会において，いかに活用していくかという点が非常に重要である．そのうえで私自身は，スポーツバイオメカニクスの目的（使命）は，以下の2点に集約されると考えている．

- パフォーマンス向上のメカニズムを客観的に明らかにし，競技力向上に寄与すること．
- 傷害発生のメカニズムを明らかにすることによって，傷害予防に貢献すること．

スポーツバイオメカニクスは，こうした目的を達成し社会に貢献することができて初めて，その存在意義が確立される学問領域である．

2. バイオメカニクスを学習する意義

アスレティックトレーナーがスポーツの現場に赴いた際，技術的な観点からトレーニング内容を組み立てて指導をすることが

必要な場合もあるだろう．そうした場合，感覚は非常に重要な要素の1つである．しかし，感覚だけに頼った指導をしていると，選手がスランプに陥った際などに，解決策を見出すことが困難になってしまうということも考えられる．スポーツの技術的要素を考慮した指導においては，感覚と客観的事実の双方が重要である．

バイオメカニクスは客観的な事実の把握において威力を発揮する学問領域である．バイオメカニクス的な考え方を身につけていれば，客観的な物差しによって選手の技術を測ることができる．また，ある動作を用いた技術ともう1つの動作を用いた技術があるとして，例えば，後者のほうがパフォーマンスが高いという場合は，競技としてはその事実だけで十分かもしれない．しかし，どうして後者のほうがパフォーマンスが高いのかというメカニズムが明らかにならないと，さらに上のレベルへの発展は望めない．スポーツ動作の本質的理解においてもバイオメカニクスは一定の示唆を与えるものである．

また，ウエイトトレーニングや補強トレーニング，その他各種トレーニングを考える際にも，バイオメカニクスは重要な役割を果たしている．実際の競技種目での動きを模したトレーニングを行う場合，バイオメカニクスの知識を有していれば，より効果的なトレーニング方法を考えることができるはずである．

一方，傷害予防の観点からは，バイオメカニカルな視点を持ち合わせていれば，傷害発生の機序（メカニズム）をある程度推定することができ，未然に傷害を防ぐといったことや，すでに問題を抱えている選手の悩みを解決するための1つの手がかりとすることができる．さらに，実際に行うと危険が伴うような動作については，シミュレーションなどの手法を用いてコンピュータ上にて運動を再現することができれば，より安全な動作を行うことも可能となる．

アスレティックトレーナーはバイオメカニクス研究の詳しい手法などに精通する必要はないが，バイオメカニクス的な考え方を身につけ，スポーツ現場において実践できるようにすることが大切である．

3. バイオメカニクスの実際

それでは，身近な例をもとに順を追って考えてみよう．

1）背筋力測定のバイオメカニクス

背筋力測定は，力やモーメントのつり合いといった力学的要素を具体的に考えるうえで非常に都合がよい．最近でこそ腰を痛めるという理由から実施されることが少なくなったが，以前は握力測定とともに筋力測定の代表的な種目であった．実際に背筋力測定を行ったことのある読者も多いと思われるが，背筋力測定をバイオメカニカルな観点から考察したことのある人は少ないであろう．検討してみればわかることであるが，正確な測定を行うためには，こうした考察が必須である．

ここでまず，背筋力測定の前提条件について考えてみよう．測定の前提条件としては，以下の2点をあげることができる．

- 等尺性収縮（アイソメトリック：力発揮に際して筋の長さが変化しない）
- 背筋以外の部分は背筋の発揮した力を伝えるためだけに働かなくてはならない．

背筋力測定が力および力のモーメントのつり合いを前提として筋力を測っていることから，もしもダイナミックに動いてしまうと力およびモーメントのつり合いが成り立たなくなってしまうので，等尺性収縮が

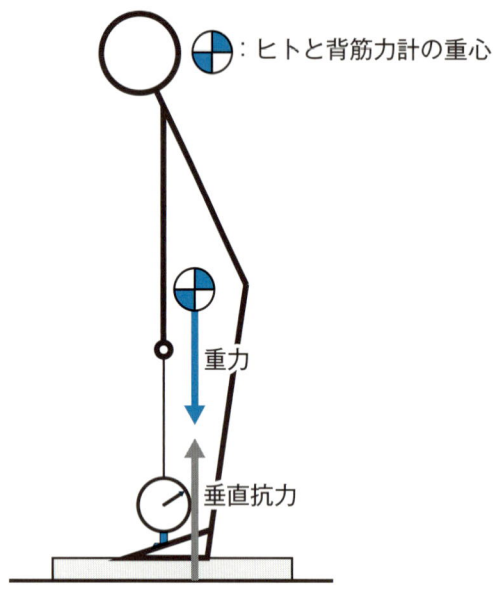

図4 ●背筋力測定のモデリング（ヒトと背筋力計を1つの系とした場合）

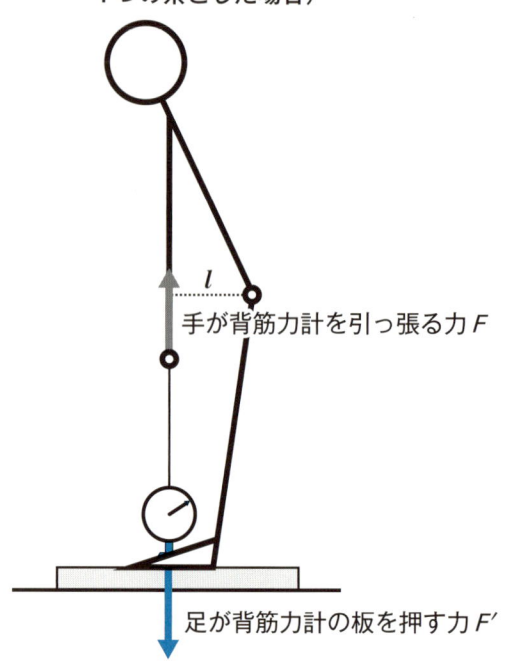

図5 ●背筋力測定のモデリング（背筋力計を1つの系とした場合）

前提となっている．また，2点目についてはあまり意識されることはないが，背筋以外の部分を使ってしまうと，背筋の筋力を測っているのか，その他の部分の筋力を測っているのかがわからなくなってしまうため，前提条件になっているといえる．

図4はヒトと背筋力計を1つの系として（一体として）考えた場合のモデルを示したものである．この場合，作用するのはヒトと背筋力計を合わせた系の重心に作用する重力と，それにつり合う垂直抗力（地面反力）ということになる．背筋力を100kgw出そうが，200kgw出そうが関係なく，どの場合でもこの系に作用する力は図に示したとおりである．

一方，背筋力計のみについて考えると，背筋力計に作用するのは，人の手が背筋力計を引っ張る力Fと足が背筋力計の板を押す力F'，および背筋力計の重心に働く重力とそれにつり合う垂直抗力ということになる（**図5**，背筋力計の重心に働く重力，

および身体重心に作用する重力によって足が背筋力計の板を押す力とそれらにつり合う垂直抗力は相殺されることから省略した）．このように，ヒトと背筋力計を1つの系として考えるか，もしくは別々の系として考えるかによって，作用する力が異なるということになる．系を考えることをバイオメカニクスでは"モデリング"というが，どのようなモデルを考えるかによって作用する力が異なるということからも，バイオメカニクスにおいてモデリングがいかに大切であるかということが理解できる．ちなみに，ヒトを1つの系として考えることも当然可能であるが，興味のある読者は考えてみるとよい．理解度を測るよいトレーニングになるであろう．

さて**図4**において，力のつり合い，および力のモーメントのつり合いが成り立つためには，**図5**に示したFとF'の大きさが等しく，向きが反対であること，さらには，FとF'が一直線上にあることが必要

となる．もしもFとF'の大きさが等しくなければ，その差分としての力が生じることになり，結果として差分の力の方向にヒトと背筋力計は動くことになる．例えば，FがF'よりも大きい場合には，結果として$F-F'$の力が生じることになるので，ヒトと背筋力計は鉛直上方に動くことになる．これでは，背筋力の測定は成り立たなくなってしまう．F'がFよりも大きい場合も同様である．FとF'が一直線上にない場合は，結果として力のモーメントが生じることになり，ヒトおよび背筋力計は，その力のモーメントの作用により回転することになる．これは，例えば**図6**のように，足を置く位置をより後方にした場合などに相当する．この場合，時計まわりの力のモーメントが生じるため，ヒトと背筋力計は後方に回転することになる．背筋力計をよく見てみると足を置く位置がしっかりと決められている．これは，FとF'が一直線上にくるようにするための工夫である．

　背筋力測定を行う場合，背筋力計のレバーを真上に引き上げるようにと指示することが多い．これは，斜め後方に引いたりするとF'が踵寄りに作用することになり，前述のとおり力のモーメントが生じて背筋力計の前方が浮いてしまうといったことが起こってしまうことと，斜め後方に引くことでFとF'が鉛直方向と一致しなくなり，後述する股関節まわりのモーメントアームが変化してしまうということを防ぐ意図があると考えられる．実際，床と背筋力計との静止摩擦係数が最大となるまではFとF'が鉛直方向と一致しなくても背筋力を測定することはできるが，最大静止摩擦係数を超えると背筋力計が動いてしまうことになる．

　背筋力測定では背筋の活動によって股関節伸展動作を行う場合の筋力を測定しているわけだが，この股関節伸展動作における伸展のモーメントは股関節中心からFまでの距離lと測定した背筋力（Fの大きさ）との積[1]になる（**図5**）．この伸展モーメントが背筋の発揮した筋力によって生まれるわけだが，もしも**図7**のように斜め後方に引いてしまうと股関節中心からFまでの距離（モーメントアーム：**図7**ではl'としている）が変化してしまうため，背筋が同じ筋力を発揮していても，背筋力計に現れる数値が異なるということが起こってしまう．レバーを真上に引き上げるということは，後方に倒れるということを防ぐために指示されると考えている人が多いが，実は，こうした理由にもよるのである．

2）垂直跳びのバイオメカニクス

　跳ぶという動作は，走る，投げるといった動作と並んで，最も基本的なヒトの動作の1つであり，体力測定としての垂直跳びも古くから行われている．簡単に行うことができ，結果もわかりやすいため，広く一般的に行われてきたのであろう．垂直跳びのバイオメカニクス研究はかなりの数にのぼり，さまざまな角度から分析が行われている．フォースプレート（床反力計）や筋電図，モーションキャプチャなどを用いて逆ダイナミクスの手法から分析をしたものやシミュレーションの研究など優れた研究が多い動作でもある．そうした研究も非常に興味深いものであるが，ここでは，垂直跳びの跳躍高の測定をバイオメカニカルに考えてみよう．

　近年，従来のボードや壁を使った垂直びの測定法とは異なり，マットスイッチなどを用いて滞空時間から垂直跳びの跳躍高を割り出す方法が取り入れられるようになってきている．これは，従来の方法（いわゆる旧文部省体力テストの方法）では，立位の状態でボードや壁からどのくらい離れて

[1] 力のモーメント＝（腕の長さ）×（力），もしくは，股関節中心から力の作用点に向かう位置ベクトルと力ベクトルの外積と表されることによる．

図6●背筋力測定のモデリング（足を置く位置を後方にした場合）

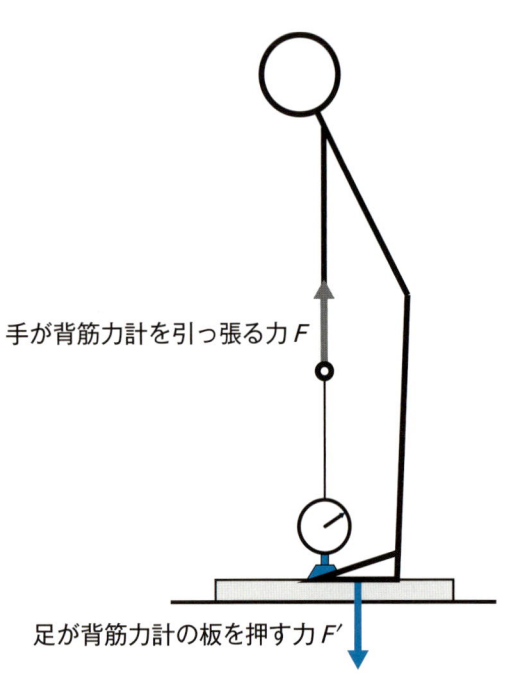

手が背筋力計を引っ張る力 F

足が背筋力計の板を押す力 F'

図7●背筋力測定のモデリング（身体を後方に反らした場合）

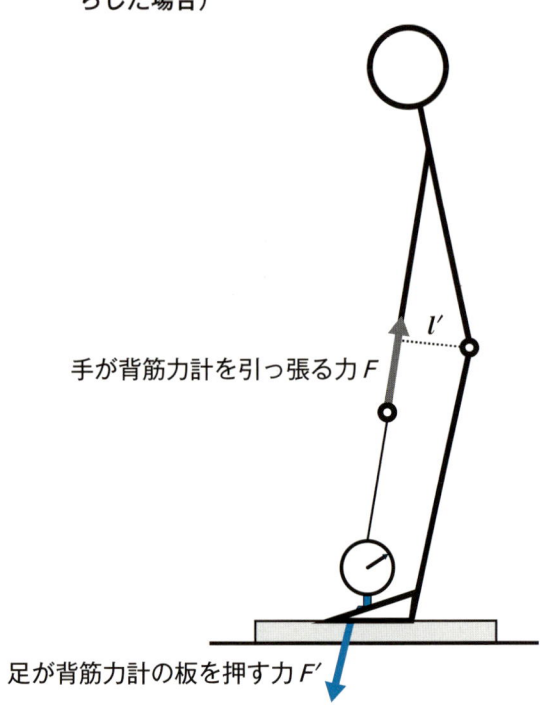

手が背筋力計を引っ張る力 F

足が背筋力計の板を押す力 F'

立つかによって基準となる高さが変わってしまったり，最高到達点で印をつけているという保証がないといったことから，数センチ単位の誤差が生じてしまうことが避けられず，特にスポーツ選手を対象とした垂直跳びなどでは，より精度の高い（信頼性の高い）測定値が求められているという背景が考えられる．実際，滞空時間から跳躍高を求める方法は，より精度が高く，詳細な検討が必要となるスポーツ選手の測定に向いている．

滞空時間から跳躍高を求める方法では，離地時と着地時の姿勢が同じであることが前提となる．そのため，膝を抱えたまま着地をするといったことは許されない．これは後述するように，滞空時間から跳躍高を計算する際に，最高到達点に達するまでの時間を滞空時間の半分としているので，離地時の姿勢と着地時の姿勢がほぼ同一でない場合は，この仮定が成り立たなくなるた

めである．逆にいうと，空中ではどのような姿勢をとろうとも測定値に影響を与えることはない．

離地後の身体重心の運動方程式は次のようになる（図8，鉛直上向きを正とする）．

$ma = -mg$
$a = -g$

m：体重，a：跳躍高，g：重力加速度

したがって，離地後の身体重心は加速度 $-g$ の等加速度直線運動をすることになる．ここで，等加速度直線運動の公式を使って跳躍高を求めることが可能となる．

$v = v_0 + at$
$h = v_0 t + \frac{1}{2} at^2$

v：重心の速度，v_0：重心の初速度（離地時の速度），t：時間，h：時間 t における跳躍高

今，$a = -g$，および最高到達点では，速度が0になるということを利用して，公

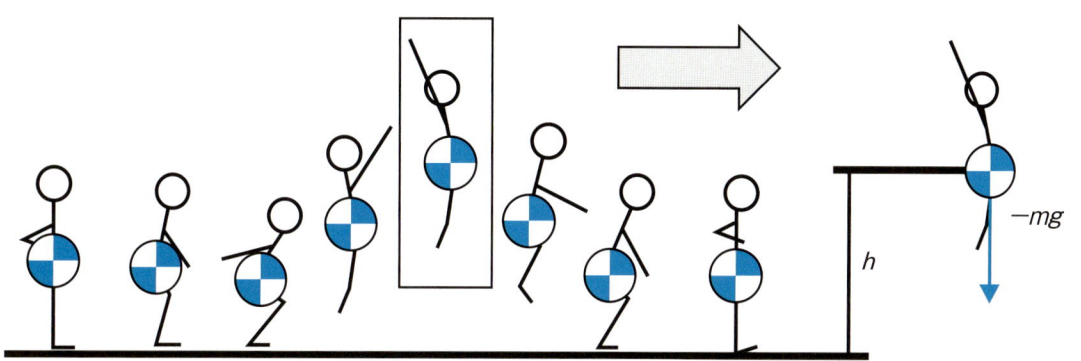

図8●垂直跳び（空中）において重心に作用する力

空中で重心に作用する力は鉛直下向きの重力$-mg$のみ（鉛直上向きを正とし，空気抵抗は無視する）

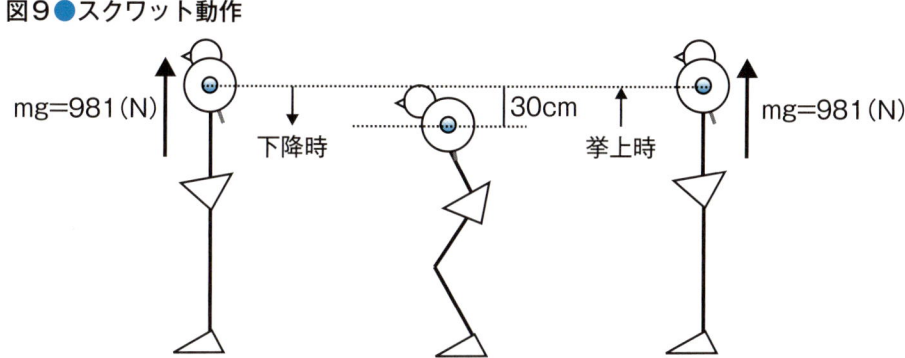

図9●スクワット動作

式の第1式に代入することにより，
$$0 = v_0 - gt$$
$$v_0 = gt$$
となる．

これを公式の第2式に代入すると，
$$h_{max} = v_0 t - \tfrac{1}{2}gt^2 = gt^2 - \tfrac{1}{2}gt^2 = \tfrac{1}{2}gt^2$$
　　　ただし，h_{max}は最高到達点における跳躍高．

さらに，最高到達点に達する時間は滞空時間（t_f）の半分であると仮定すると，
$$t = \tfrac{1}{2}t_f$$
となる．

最終的に，
$$h_{max} = \tfrac{1}{2}gt^2 = \tfrac{1}{2}g(\tfrac{1}{2}t_f)^2 = \tfrac{1}{8}gt_f^2$$
で求める．

したがって，滞空時間t_fがわかれば跳躍高を算出することができる[2]．

ただし，滞空時間は足が地面を離れてから接地するまでの時間なので，この方法によって求めた跳躍高は，立位姿勢から離地姿勢に至るまでの重心高の上昇分を過小評価した値となることに注意が必要である．

3）スクワット動作のバイオメカニクス

スクワットは，ベンチプレス，デッドリフトとともにウエイトトレーニングにおける最も基本的な種目の1つである．スポーツ選手であれば一度は経験したことのあるトレーニングであろう．バーベルを降ろして持ち上げるという単純な動作ではあるが，バイオメカニカルに考えると，仕事量や短縮性収縮，伸張性収縮などの検討に都合がよい．

図9はスクワット動作1回を図示したものである（鉛直上向きを正とする）．バーベルを担いだ状態から下降し，再度上昇して立位姿勢に戻る．まず，立位から30cm

[2] h_{max}は等加速度直線運動の公式を用いずに運動方程式に対して積分を用いて導くことも可能．興味のある人はトライしてみよう．

(0.3m)下降する場合を考えてみよう．バーベルの質量 m を 100kg とすると，立位状態では選手はバーベルの重力〔鉛直下向きに mg=100 × 9.81=981（N），g：重力加速度 9.81m/s^2〕につり合うように鉛直上向きに力を発揮する必要がある．もし，発揮する力が 981（N）よりも小さい場合，立位姿勢を維持することはできず下降してしまうことになる．今，理想的にバーベルを降ろす速度をゆっくりにして，加速度が 0 であるとする．すると下降時に選手が発揮する力の大きさは 981（N）に等しいことになる．ここで，力学的な仕事量は力とその力が作用した距離の積に等しいということを利用すると，

$$仕事量 = 力 \times 距離$$
$$= mg \times (-0.3)$$
$$= 981 \times (-0.3)$$
$$= -294.3 (J)$$

ということになる（距離がマイナスになっているのは下向きに移動したから）．したがって，下降時に選手がした仕事は −294.3（J）となる．下降時には選手がバーベルに対してした仕事はマイナスとなる．これは逆にいうと，バーベルが選手に対して 294.3（J）の正の仕事をしたということになる．

負の仕事という概念は理解しにくいものの 1 つであるが，伸張性収縮の場合には選手のした力学的仕事量は常に負となる．伸張性収縮では，筋が引き伸ばされながら力を発揮することになるが，そうした場合，筋の発揮する力の方向と運動の方向は逆になるため，仕事量は負となる．力学的な仕事量が負の場合には筋は仕事をしていないかというと，そのようなことはなく，生理学的にみれば筋自体は仕事をしてエネルギーを消費しているが，身体を 1 つの系として力学的仕事を考えた場合には仕事量が負になるということである．

一方，バーベルを挙上する際には，選手がバーベルに対して発揮した力の方向と移動した距離の方向は一致するので，仕事量は正となる．具体的には，

$$仕事量 = 力 \times 距離$$
$$= mg \times 0.3$$
$$= 981 \times 0.3$$
$$= 294.3 (J)$$

が，選手がバーベルに対してした仕事量である．スクワットの挙上においては，足関節底屈，膝関節伸展，股関節伸展動作が必要となるが，そうした動作の主働筋は挙上時に短縮性収縮を行っている．動作の仕事量を考える場合には，力学的な仕事量を考えているのか，それとも筋のレベルでの仕事量を考えているのかということによって，仕事量の正負自体が変わることがある．

4）自転車エルゴメーターのバイオメカニクス

自転車エルゴメーターは，スポーツクラブなどの運動施設において必須アイテムの 1 つであろう．アスレティックトレーナーにおいても操作する機会の多い機器の 1 つといえる．負荷の設定や回転数などは経験をもとに調節することが多いようであるが，自転車エルゴメーターのバイオメカニクスを学ぶことによって，パワーの概念を理解し，そうした設定をより客観的に行うことができるようになってほしい．

自転車エルゴメーターのパワーを考える前にパワー自体について少しまとめておこう．「パワー」という言葉は非常に一般的であり，多くの読者にとって馴染みの深い言葉であると思われるが，バイオメカニクスでは，パワーというものをしっかりと定義して使う必要がある．

力学的なパワーの定義は次のようになる．

パワー＝力×速度

　つまり，パワーは力と速度の積である．したがって，パワーを大きくするためには力だけではなく，速度も大きくする必要がある．また，パワーは「仕事率」とも呼ばれ，単位時間当たりの仕事量としても定義される．

　　パワー＝仕事率
　　　　　＝単位時間当たりの仕事
　　　　　＝仕事／時間

　したがって，短い時間にたくさんの仕事をすればパワーが大きいということになる．一方，いくら仕事をたくさんしても時間がかかればパワーは小さくなってしまう．前述のとおり，仕事量は力と距離の積なので，

　　仕事＝力×距離

となる．よって，

　　パワー＝仕事／時間
　　　　　＝力×距離／時間
　　　　　＝力×速度

となり，パワーが力と速度の積ということが確認できる．

　自転車エルゴメーターにおいても，力と速度が計測できればパワーを計算することができる．近年，多くの自転車エルゴメーターは，電磁ブレーキによって負荷（ペダルの重さ）を制御し，ペダルの回転数をフライホイールなどに取り付けたロータリーエンコーダーによって検出することによって，負荷（力）と回転数（速度）をそれぞれ求め，両者の積としてパワーを算出し，画面に表示している．画面表示はワット（watt）表示になっているものが多いようである．ワットはパワーの単位であることから，こうしたエルゴメーターではパワーを設定しているということがわかる．

　負荷が L（kp），回転数が R（rpm）のときのパワーである P（watt）は，次のようになる．

　　パワー＝力×速度より，
　　P＝L×9.8×R/60×6
　　　9.8：重力加速度，1/60：1分当たりの回転数を1秒当たりに換算する係数，6：ペダルが1回転したときにフライホイールが動く距離（m/rev）[3]．

　例えば，エルゴメーターを180wattに設定し，60rpmで漕いだ場合の負荷 L（kp）は，次のようになる．

　　180＝L×9.8×60/60×6
　　L＝3.06（kp）

　一方，負荷3kpで60rpm漕いだ場合には，パワー（P）は，

　　P＝3×9.8×60/60×6＝176.4（watt）

となる．エルゴメーターの種類（1回転でフライホイールが動く距離）にもよるが，おおよそ，負荷（kp）に回転数（rpm）を掛けたものがパワー（watt）になると考えてよい．

5）等速性筋力測定のバイオメカニクス

　等速性筋力測定装置[4]を使って膝の伸展・屈曲筋力を測定（実際に測っているのはトルク）することは，体力測定ならびにリハビリテーションにおける回復過程の評価などにおいて一般的に行われており，アスレティックトレーナーもそうした機会に接することが多いと思われる．Biodex®やCYBEXといったマシンが有名であるが，こうしたマシンは陸上における動作とは筋の活動様式がかなり異なり，ある意味で特殊な状況下における測定ということができる（等速という意味において）．そのため，測定の原理などをよく理解していないと誤った結論を導くことにもなりかねない．また，バイオメカニクスの観点からは，回転運動や物理量としてのトルクなどを理解するために適した測定であると考えられ

[3] 通常，自転車エルゴメーターは，ペダルの回転がチェーンを介して車輪に相当するフライホイールに伝えられるようになっており，このフライホイールに負荷が作用するようになっている．

[4] 代表的な装置であるBiodex®のカタログでは，多用途筋機能評価運動装置と記載されている．

る．

膝の伸展・屈曲以外にも股関節や足関節，肩関節などの測定が行われるが，ここでは，膝の伸展動作を例に等速性筋力測定を考えてみよう．

図10は等速性筋力測定装置において，大腿四頭筋の筋力発揮を経て，膝伸展動作が発現する様子をモデル化したものである．大腿四頭筋で発揮された力Fは膝蓋骨を介して脛骨に伝わり下腿を引き上げる（膝関節中心まわりに脛骨を回転させる）作用を起こす．ここで，ベクトルrは膝関節中心からFの作用点までの位置ベクトルであり，MはFにより生まれる膝関節中心まわりのモーメントである[5]．実際の膝関節まわりには，大腿四頭筋の筋力以外にも拮抗筋を含めてさまざまな筋力が作用することになるので，Fのみが作用するわけではないが，ここでは簡略化のためFのみとした．また，足首付近には，装置のアタッチメントを装着するためのパッドがある．このパッドを介して，装置から下腿に力F'（ヒトが装置に対して発揮した力の反作用）が作用する．装置は回転軸まわりに，このF'によって生じるトルク（$M' = r' \times F'$）を計測している．ここで，r'は膝関節中心からF'の作用点までの位置ベクトルである．F以外の力も作用すると考えて，関節中心まわりの回転の運動方程式を記述すると，以下のようになる．

$$\sum_{i=1}^{n} Mi + M' = I \cdot a$$

Mi：筋力Fiによる膝関節中心まわりのモーメント．I：膝関節まわりの慣性モーメント．a：膝関節の角加速度

大腿四頭筋のみの筋力を考える場合には，n=1となる．等速条件（厳密には等角速度条件）では$a = 0$となるので，上式から装置によりM'を計測すればM，さらにはFを求めることができる．この場合，等速が条件となっているため，aが0でない場合（等速でない場合）は上の式が成り立たず，原理的にMを求めることは不可能である点に注意が必要である．

[5] ベクトルの外積を用いて
$M = r \times F$
$= |r||F|\sin\theta$
（θは2つのベクトルのなす角）と表すことができる．

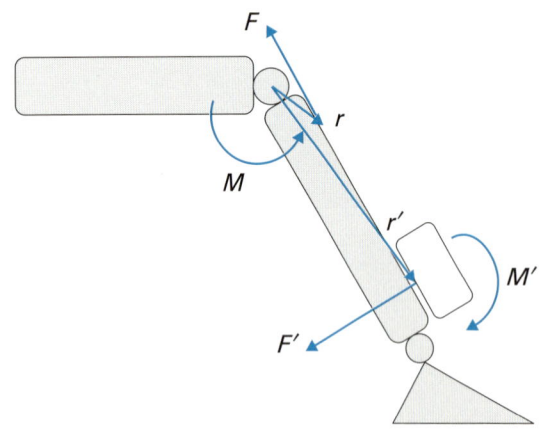

図10 ●等速性筋力測定装置における膝伸展動作

【文献】
1) Muybridge E：The Human Figure in Motion. Dover Publications Inc., 1955.
2) Muybride E：Animals in Motion. Dover Publications Inc., 1957.
3) 武藤芳照：スポーツ医学実践ナビ．日本医事新報社，pp.304-312, 2009.

セルフチェック

STEP 1

問 1　右図における2つの矢印について，①，②に適当な語句を記入してみましょう．

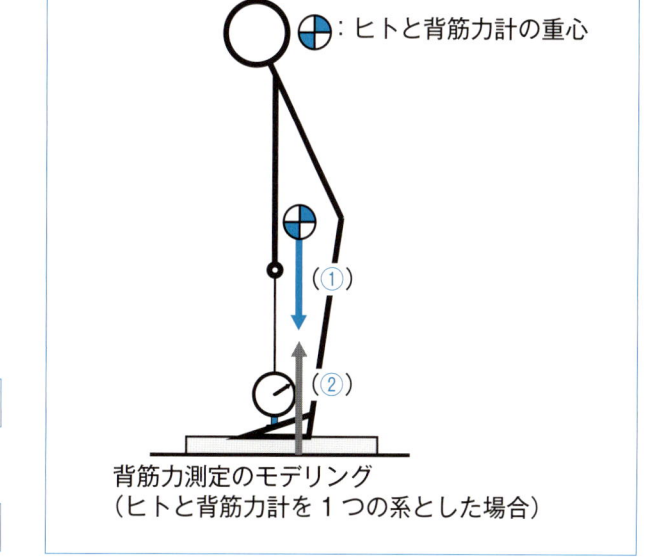

⊕：ヒトと背筋力計の重心

(①)

(②)

背筋力測定のモデリング
（ヒトと背筋力計を1つの系とした場合）

①　　　　　　　　　　　　　　　　

②　　　　　　　　　　　　　　　　

STEP 2

問 1　スポーツバイオメカニクスにおける基本的な3つの手法について，それぞれ簡単にまとめてみましょう．

キネマティクス

キネティクス

コンピュータシミュレーション

問 2
スポーツバイオメカニクスの目的（使命）について簡単に述べてみましょう．

問 3
ヒトを1つの系として，系に作用する力を図示してみましょう．

背筋力測定のモデリング
（ヒトを1つの系とした場合）

問 4
ある人が垂直跳びを行った際に，滞空時間が600ミリ秒であったとします．このときの跳躍高を計算してみましょう（単位に注意）．

問 5
ベンチプレスにおいて70kgのバーベルを40cm持ち上げる際にした仕事量はどのくらいでしょうか．また，70kgのバーベルを40cm降ろす際にした仕事量はどのくらいでしょうか．

持ち上げるとき

降ろすとき

問 6

自転車エルゴメーターにおいて，負荷 3kp にて，90rpm で漕いだ場合のパワーは何ワット（watt）になるでしょうか．

問 7

等速性筋力測定装置を用いて膝伸展動作を行い，装置の回転軸まわりのトルクが 200Nm でした．このとき，図の F および F' は何 N になるでしょうか．ただし，膝の関節中心からベクトル F までの距離（モーメントアーム）を 5cm，膝の関節中心からベクトル F' までの距離を 30cm とします．

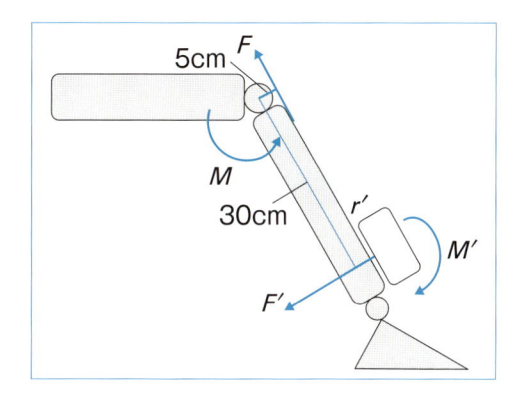

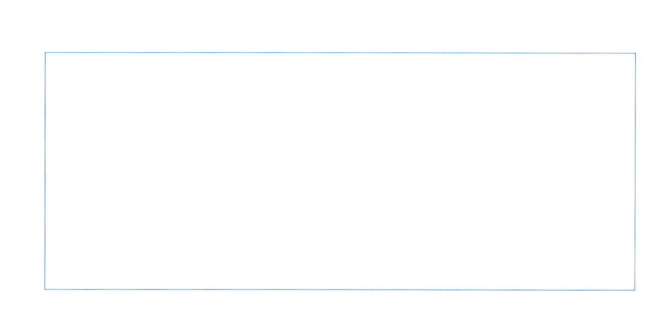

（石毛勇介）

第3章

運動生理学

1. 運動生理学とは
2. 運動生理学を学習する意義
3. 運動生理学の実際

第3章

運動生理学

本章では，運動生理学の全体像を把握したうえで，その意義を確認し，神経，筋肉，エネルギー代謝，呼吸・循環，ホルモン，そして健康づくりに関する運動生理学の実際に触れる．

はじめに

アスレティックトレーナーは"トレーニングや競技力向上のためのスポーツ科学に関する知識"を身につけることが要求される．それには，からだの機能を理解し，さらにそれが急性の運動学ならびにトレーニングでどう変容するかを論じる運動生理学を学習する必要がある．

1世紀以上前，ドイツの生物学者ルー（Roux）は「すべての器官は適度に使えば機能も形態も発達するが，使いすぎれば発達は損なわれ，使わなければ機能的にも形態的にも低下していく」と述べた．言い換えれば「適度なトレーニングはパフォーマンスを高めるが，トレーニングの過不足はパフォーマンスを低下させる」ということである．昨今の運動生理学ではこの「適度さ」の探求が1つのテーマとなっている．アスレティックトレーナーは少なくともそのような運動生理学の知見を理解しながら，現場に横たわるさまざまな問題の解決に向け試行錯誤を繰り返し，少しでも成果を上げることが要求される．

1. 運動生理学とは

運動生理学は「運動による身体の変化とその仕組みを研究する学問」であり，運動に関する生理学ともいえる．そのため，運動生理学を理解するにはその基礎となる生理学の知識が必要となる．生理学は生体の正常な働きやその仕組みに関する学問で，特に人体に焦点を当てたものを人体生理学と呼び，運動生理学は人体生理学に含まれる．一方，人体が特定の条件下に置かれた場合の生理学は応用生理学と呼ばれる．運動生理学は環境生理学，宇宙生理学，臨床生理学とともに応用生理学に属する．現在，運動生理学のほかにスポーツ生理学という用語も使用されるが，現在では運動のほとんどがスポーツによるものなので両者は同等のものとして扱われる．

運動生理学では，筋収縮のメカニズムに関する基礎的研究，筋力や持久的能力の向上のためのトレーニング法とその作用機序，また最近では，メタボリックシンドロームや認知症の予防効果とその作用機序などに関する研究が精力的に行われている．

2. 運動生理学を学習する意義

アスレティックトレーナーに求められる役割は，選手がパフォーマンスを最大限に発揮できるようコンディショニングやリハビリテーションを行うことである．そのため実際のトレーナー活動に際して必要となる技術や知識は多岐にわたる．

しかし，トレーナー活動に関する直接的な技術や知識を除けば以下の3つの知識が重要といわれる[1]．

①競技の特性やルールに関する知識
②トレーニングや競技力向上のためのスポーツ科学に関する知識
③コンディショニング，リハビリテーション，ドーピングなどに対応するためのス

ポーツ医学に関する知識

運動生理学は②と③に関係する．例えば，筋力や持久能力の向上や健康づくりのために開発された運動プログラムの効果を検証するための研究が行われている．アスレティックトレーナーは研究者ではないので運動生理学の詳細な研究手法を学ぶ必要はない．しかし，運動生理学の基礎を学習し，それを運動・スポーツの現場に応用できる力を身につけていく必要がある．

3. 運動生理学の実際

1）神経系の運動生理学

われわれがあらゆるスポーツにおいて繊細かつ複雑な動きを実行できるのは，神経系のおかげである．運動と神経系というと運動皮質（ブロードマンの4野）からの実行系ばかりを説明しがちであるが，それは運動調節の最終イベントである．神経系は中枢神経と末梢神経に区分され，運動の実施はこれらの神経系が相互に情報をやりとりすることで成立する．中枢神経は視覚，聴覚，皮膚感覚をはじめ，筋の固有感覚器などから送られてくる情報を受け取り，それらを統合して判断を下し，それに基づいた必要な命令を筋，その他の末梢器官に送るのが主な役割である．末梢神経は，中枢の命令を末梢器官に伝える運動神経と感覚器（視覚，聴覚，触覚など）からの情報を中枢に伝える感覚神経および自律神経からなっている（**図1**）．ここでは「片足上げ」を例に，運動プログラムが発現する機序について述べる．

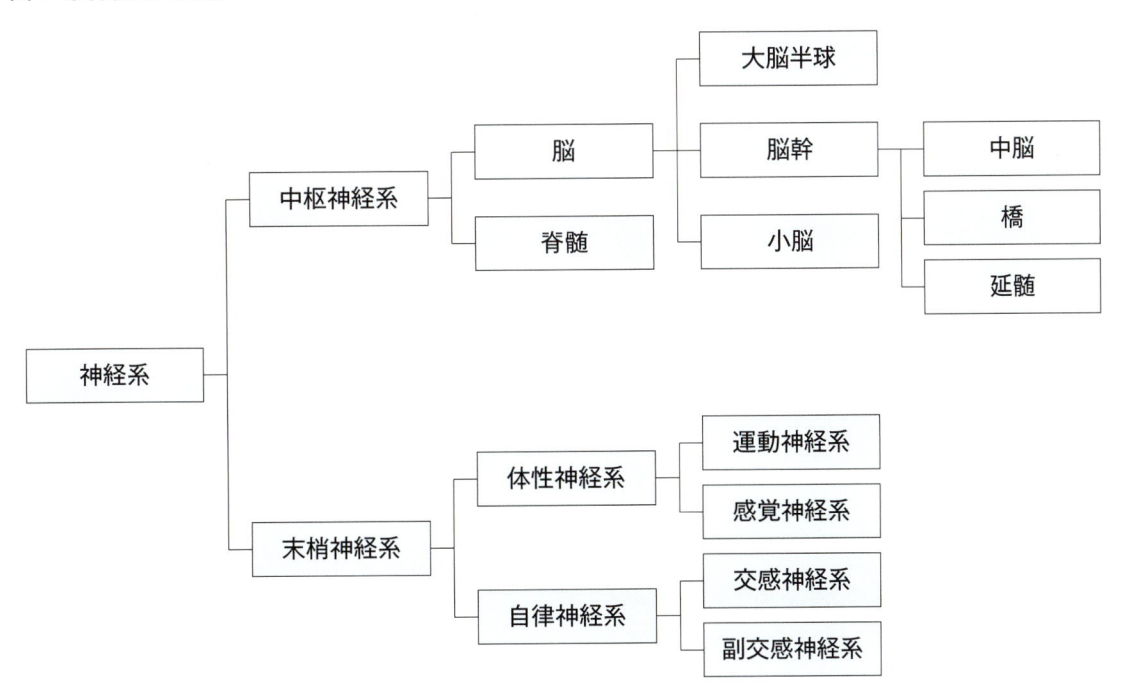

図2[2]に随意運動にかかわる神経機構と情報処理過程と片足上げ運動プログラム発現機序の模式図を示す．「片足を上げる」という運動の意欲は，脳幹網様体や辺縁系の活動を端緒として働く，大脳基底核や大脳皮質連合野の協調した機能を基盤として惹起される．これに続いて，運動指令のプログラムが引き出され（大脳皮質連合

図1 ●神経系の分類

第3章

図2●随意運動プログラムの発現
a：随意運動にかかわる神経機構と情報処理過程，b：片足上げ運動プログラムの発現機序

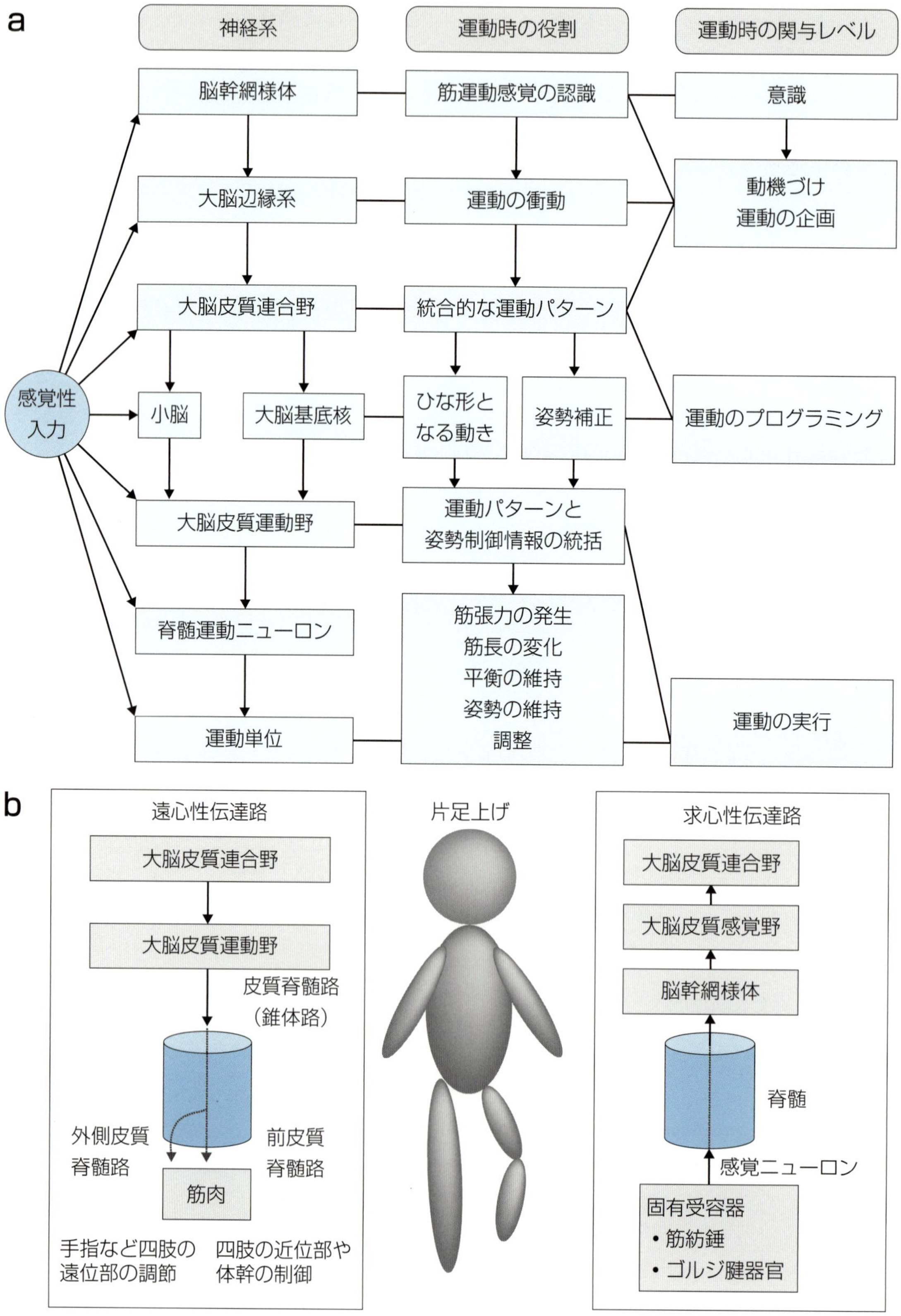

a

神経系	運動時の役割	運動時の関与レベル
脳幹網様体	筋運動感覚の認識	意識
大脳辺縁系	運動の衝動	動機づけ／運動の企画
大脳皮質連合野	統合的な運動パターン	
小脳／大脳基底核	ひな形となる動き／姿勢補正	運動のプログラミング
大脳皮質運動野	運動パターンと姿勢制御情報の統括	
脊髄運動ニューロン	筋張力の発生／筋長の変化／平衡の維持／姿勢の維持／調整	
運動単位		運動の実行

感覚性入力

b

遠心性伝達路
- 大脳皮質連合野
- 大脳皮質運動野
- 皮質脊髄路（錐体路）
- 外側皮質脊髄路：手指など四肢の遠位部の調節
- 前皮質脊髄路：四肢の近位部や体幹の制御
- 筋肉

片足上げ

求心性伝達路
- 大脳皮質連合野
- 大脳皮質感覚野
- 脳幹網様体
- 脊髄
- 感覚ニューロン
- 固有受容器
  - 筋紡錘
  - ゴルジ腱器官

野，大脳基底核，小脳などが担当），総合的な運動パターンや片足上げ動作のひな形をイメージし，より適切なフォームで運動するための状態を整える．大脳皮質の運動野で形成された運動の指令は，下肢の筋肉へ伝達される．この運動の指令を筋肉へ送る神経が運動神経系である．運動指令が大脳皮質運動野（ブロードマンの4野）の深部にある大型の錐体細胞から脊髄に入り，脊髄前角を経由して運動単位（1個の運動ニューロンとそれに支配される筋線維の一群）を制御することで初めて運動が可能となる（遠心性の信号）．このとき，ほとんどの情報（75～90％）が錐体交叉を経由して，反対側の脊髄側索を下降し（外側皮質脊髄路），交叉しなかった残りは脊髄の前面正中寄りを下降する（前皮質脊髄路）．外側皮質脊髄路は手指などの四肢の遠位部の運動に関与し，前皮質脊髄路は四肢の近位部や体幹の筋肉を制御している．皮質脊髄路以外に，脳幹の核を介して皮質から脊髄に至る間接的な経路（皮質－赤核－脊髄路，皮質－網様体－脊髄路）があり，姿勢の保持など無意識のうちに行われる運動を調節している．

このような入力を受けて最終的な下肢の筋収縮が起こると"重心が移動する→片足が上がる→片足立ち"という動作が発現する．しかし，遠心性の情報だけではバランスを保って立っていることは困難である．片足立ちを維持するために，遠心性の信号によって生じた新たな筋肉や腱の情報を脳へ送り返して，補正のプログラムが必要になる．動的，静的な筋・腱の伸び縮みは固有受容器と呼ばれる筋紡錘やゴルジ腱器官によって検知され，その結果は脳幹網様体に送られる（求心性の信号）．脳幹網様体は運動意欲に関与するだけでなく，フィードバックの仕組みとしても重要な役割を担っており，この求心性の情報を処理して，再び補正プログラムを末梢に送ることで，片足立ちを維持することができる．このように運動を行うときには「遂行するための遠心性信号」と「状態を伝える求心性信号」を伝達する神経系によって運動が調節されている．

2）運動と筋肉
①筋肉の運動生理学

からだには大小400もの筋があり，いずれも筋細胞から構成されるが，筋細胞は細長い形であるため一般的に筋線維（繊維とはいわない）と呼ばれる．筋線維は長さ1 mm～30 cm，直径10～100 μmとさまざまな大きさのものが存在する．筋線維を縦切りにして電子顕微鏡で拡大すると，規則正しい縞模様（横紋構造）が見られる横紋筋と，それが見られない平滑筋に分類できる．横紋筋には心臓を形成する心筋と骨に接続し身体を動かす骨格筋があり，平滑筋には内臓や血管を形成する内臓筋や血管筋がある．また，骨格筋は自分の意志によって動かすことのできる筋（随意筋）であり，平滑筋や心筋は意志とは関係なく収縮する筋（不随意筋）である．随意筋は運動神経，不随意筋は自律神経の支配を受ける．

ヒトの運動では通常いくつかの骨格筋が同時に動き，その収縮の強さや時間が複雑に組み合わされて達成される．このとき同じ働きをする筋群を協同筋，反対の働きをする筋群を拮抗筋と呼ぶ．

ヒトの身体は約400個の骨格筋からなるが，1つの骨格筋は数千個の筋線維から成り立っている．筋線維は約150本ずつの束（筋束）として筋周膜に覆われている（**図3a**）[3]．筋線維内部には筋原線維，筋小胞体，横行小管（T管），核，ミトコンドリア，酵素，脂肪，グリコーゲン[1]顆粒などが存在する（**図3b**）[3]．筋原線維はさらに細

1　グリコーゲン：グルコースが連なった動物の貯蔵糖質である．筋や肝臓に多く存在し，運動時の活動筋の重要なエネルギー基質となる．枯渇すれば筋疲労の原因となる．最近では脳にも存在し，運動時のニューロン活動の重要なエネルギー源となり，その減少が中枢性疲労の原因となる可能性が示唆されている．

第3章

図3 ● 骨格筋の構造

(勝田 茂ほか：1993³⁾より)

い筋フィラメントから構成されている．筋フィラメントには太いミオシンフィラメントと細いアクチンフィラメントがある（**図3a**)[3]．

② 筋線維の分類

筋線維はその特性により大きく3種類に分類できる．まず，速筋線維（type Ⅱ）と遅筋線維（type Ⅰ）という大別があり，さらに速筋線維はtype ⅡAとtype ⅡBに分類される．type Ⅰは収縮速度は遅いが有気的酸化能力に優れており，疲労しにくいという特性を持つ．逆にtype ⅡBは収縮速度は速く，無気的解糖能力に優れているが疲労しやすいという特性がある．type ⅡAは収縮速度は速いが疲労しにくいという特徴を持った筋線維であり，酸化能力や解糖能力はtype Ⅰとtype ⅡBの中間に位置する．これらは特殊な染色により染め分けることができる（**図4**)[4]．

③ 筋収縮のメカニズム—興奮収縮連関

骨格筋は神経からの刺激により収縮する．神経からの興奮（インパルス）が筋線維に伝えられ，それが筋線維内部の筋原線維に到達し，筋節が短縮することによ

り筋全体が収縮する（**図5**)[3]．この神経と筋の連動による筋収縮の一連のシステムを興奮収縮連関（excitation-contraction coupling）と呼ぶ．その経路は，まず脳からの興奮が脊髄にある神経を介して電気的インパルスとして伝えられる．以下に図の解説をするが，文章中の（ ）内の数字は図中の番号を示す．このインパルスが神経細胞体から軸索を介して神経終末へと伝播する（1）．神経筋接合部（運動終板）にはわずかな間隙があり，化学的伝達物質であ

図4 ● ラット骨格筋線維の光学顕微鏡写真
濃染している筋線維が遅筋線維（type Ⅰ），淡染している筋線維が速筋線維（type ⅡA），中間色がtype ⅡBである．

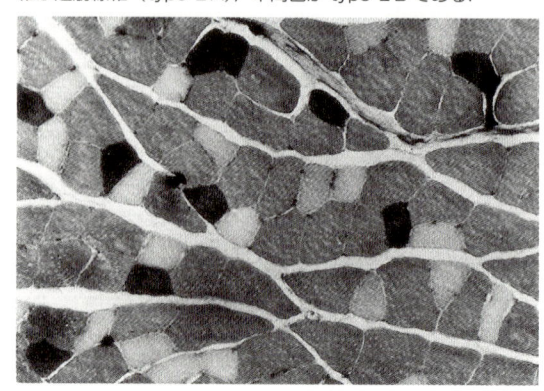

(勝田 茂ほか，2007⁴⁾より)

図5●筋線維の収縮のメカニズム

1. 運動神経軸索の活動電位
2. 神経終末のインパルスの筋細胞への伝達
3. 筋細胞表面の活動電位
4. T系への伝達
5. 筋小胞体への連絡
6. 筋小胞体からのCa^{2+}の遊離
7. 収縮蛋白質の活性化
8. 筋小胞体によるCa^{2+}の再蓄積

（勝田　茂ほか：1993[3]より）

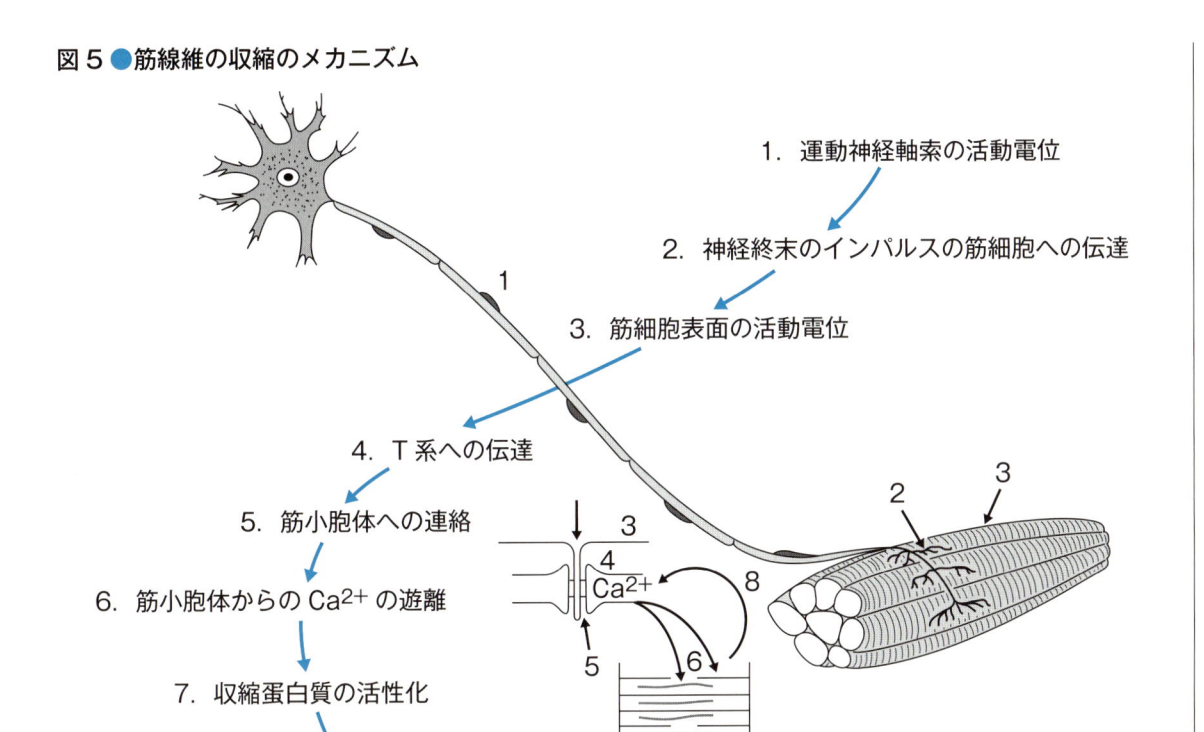

るアセチルコリンがこの間隙に放出され，神経からの興奮が筋線維の膜に伝わる(2)．膜に伝わった興奮（3）はT管から筋線維内部へと伝わり（4），筋小胞体の終末槽に伝えられる（5）．筋小胞体はカルシウムイオン（Ca^{2+}）を内部に蓄えた袋状の貯蔵庫であり，興奮が伝わるとCa^{2+}がアクチンに結びついたトロポニンと結合することにより，アクチンとミオシンの収縮作用が始まり筋が収縮する（7）．そして，Ca^{2+}が再び筋小胞体内部へ取り込まれることにより筋は弛緩する（8）．

④筋収縮のタイプ

筋収縮の様式を大別すると，等尺性収縮（isometric contraction）と等張性収縮（isotonic contraction）に分類される．前者は筋の長さが変化せず力を発揮する収縮様式で，静的収縮とも呼ばれる．反対に後者は筋の長さが変化する収縮様式で，動的収縮とも呼ばれる．等張性収縮は筋力が対抗する負荷よりも大きいと筋が短縮する．これを短縮性収縮（concentric contraction）という．一方，筋力が対抗する負荷よりも小さいときは，自分が力を発揮しようとする方向とは逆の方向に力が働く．この収縮を伸張性収縮（eccentric contraction）と呼ぶ．また筋が一定の速度で収縮する場合を等速性収縮（isokinetic contraction）と呼ぶが，実際の運動中にはほとんどみられない．以上のような筋収縮様式は走，跳，投といったヒトの運動中において単独でみられることは少なく，ほとんどの場合，伸張性収縮に続いて短縮性収縮が生じる．この伸張性・短縮性収縮の組み合わせを伸張–短縮サイクル（strech-shortening cycle）と呼ぶ．これら筋収縮様式のまとめを**図6**[3]に示す．

3）エネルギー代謝の運動生理学

すべての運動は筋が収縮することによってなされるが，筋が収縮するためにはアデ

図6 ●筋収縮の種類

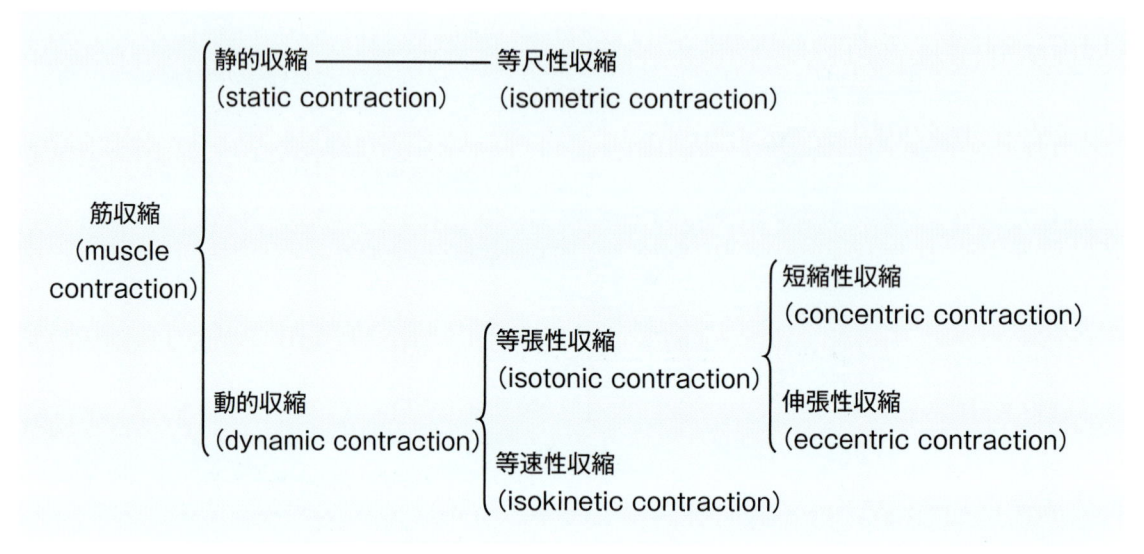

```
                    ┌ 静的収縮 ─────── 等尺性収縮
                    │ (static contraction)   (isometric contraction)
                    │
筋収縮               │                          ┌ 短縮性収縮
(muscle            │                          │ (concentric contraction)
contraction)       │         ┌ 等張性収縮 ──┤
                    │         │ (isotonic     │ 伸張性収縮
                    │ 動的収縮 ┤ contraction)   └ (eccentric contraction)
                    └ (dynamic ┤
                      contraction)
                              │ 等速性収縮
                              └ (isokinetic contraction)
```

（勝田　茂ほか：1993[3]より）

ノシン三リン酸（adenosine triphosphate: ATP）の分解による化学エネルギーが用いられる．これは自動車が走るためにガソリンを必要としているのと似ている．しかし，筋肉中に含まれるATPの量は少なく，運動時間に換算するとわずか3～5秒程度で枯渇してしまう．車の場合はガソリンを意図的に補給しない限りガス欠を起こすが，筋の場合は運動時にATPを消費するのとほとんど同時に再合成を行っている．そのため，ヒトはウルトラマラソンに代表されるように何時間でも運動し続けることができるのである．以下に3つのATP再合成システムについて説明する．

① ATP-PCr系

　筋肉中にはATPと同様に，加水分解されるときにエネルギーを発生するクレアチンリン酸（PCr）と呼ばれる高エネルギーリン酸化合物が存在する．PCrはATPとは違って直接的な筋収縮のエネルギー源にはならない．しかしながら，クレアチンキナーゼの働きによってクレアチン（Cr）と無機リン（Pi）に分解されるときにできるエネルギーを利用して，アデノシン二リン酸（ADP）とPiからATPを再合成することができる．筋肉中に含まれるPCrの量は微量であるためすぐに枯渇してしまうが，非常に素早くATPを再合成することが可能であり，10秒以内の瞬発的な激しい運動時の重要なATP再合成システムであると考えられている．

② 解糖系

　解糖系は筋肉中に含まれるグリコーゲンや血中に含まれるグルコースを分解することでADPからATPを再合成するシステムである．この過程は酸素のあるなしにかかわらず進行し，糖の分解によりできたピルビン酸は乳酸に変換される（無気的解糖）．解糖系はATP-PCr系と比較して複雑で，乳酸まで分解されるのに12種類の酵素が必要である．

　解糖系により筋グリコーゲン1～3分子，血中のグルコース1～2分子のATPが合成される．一般的に解糖系は，60秒程度持続するような全力運動時に最も重要なATP再合成システムであると考えられている．しかしながら，体内に貯蔵されている糖は1,500～2,000 kcal（脂肪は90,000

〜110,000 kcal）と限界がある．加えて，生成される乳酸が筋内を酸性に傾け，筋収縮を阻害することもある．

③酸化系

酸化系では，酸素を利用してグリコーゲン，グルコース，脂肪を水と二酸化炭素にまで分解し，その過程の中でATPが合成される．酸化系は3つのATP再合成システムの中で最も複雑である．酸化系ではグリコーゲンやグルコースの分解によってできたピルビン酸からアセチルCoAが生成される（有気的解糖）．一方，脂肪からもβ酸化と呼ばれる過程を経てアセチルCoAが生成される．このアセチルCoAはTCA回路に入り，一連の反応を受けてATPが合成される．有気的解糖やTCA回路ではATPのほかに水素が放出されるが，この水素は電子伝達系と呼ばれる過程によってさらに多くのATPを合成する．酸化系は解糖系のように運動を制限する物質を生成しないため，基質となる糖質や脂肪と十分な酸素があれば無制限に運動を継続することができる．しかし，単位時間当たりに供給できるエネルギーが少ないため，短時間の激しい運動時には十分なエネルギーの供給はできない．

④運動条件とエネルギー供給系

運動条件とエネルギー供給系の関連を図7[4]に示した．運動時間が短く強度の高い運動ほどATP-PCr系の貢献が大きく，運動時間が長く強度が低いほど酸化系の貢献が大きい[4]．スポーツ種目の競技時間や強度を考えれば，その競技にとってどのエネルギー供給系が重要なのか推定できる（表1）[2]．

図7 ● 運動条件とエネルギー供給系の関連

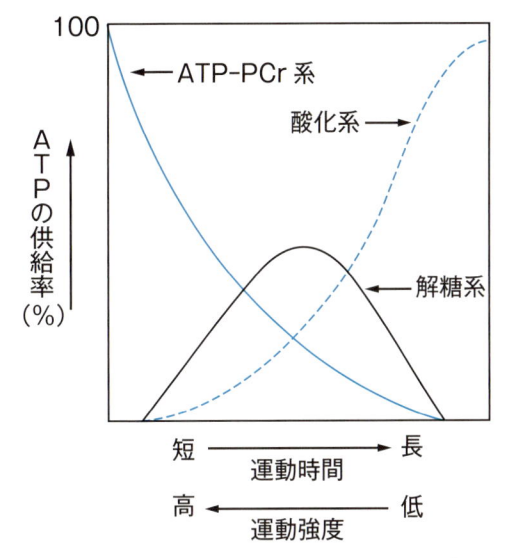

(勝田 茂ほか：2007[4]より)

表1 ● エネルギー供給系とスポーツ種目

運動時間	主なエネルギー供給系	スポーツ種目
30秒以内	ATP-PCr系	砲丸投げ，100〜200 m走，盗塁，50 m競泳，サッカーのゴールキーパー
30秒〜1分30秒	ATP-PCr系と解糖系	400 m走，500〜1,000 mスピードスケート，100 m競泳
1分30秒〜3分	解糖系と酸化系	800 m走，200 m競泳，体操競技，ボクシング，レスリング
3分以上	酸化系	球技系種目，マラソン，1,500〜10,000 m走，400〜1,500 m競泳，クロスカントリースキー，自転車ロードレース，トライアスロン

(征矢英昭ほか：2007[2]より)

第3章

4）呼吸循環の運動生理学

運動に必要なエネルギーを産生するために，骨格筋などの組織で多くの酸素が必要とされる．酸素は以下の経路で運搬される．①呼吸により肺へ空気を取り込み，②肺胞の毛細血管で拡散により酸素が血液へ溶け込み，③酸素を含んだ血液が肺静脈を経て心臓へ戻り，④心臓から全身へ血液が放出され，⑤各組織で酸素が取り込まれる．運動の強度が高まれば酸素摂取量が増加し，その結果活動筋の血流が増大し，非活動筋や腎臓，肝臓，胃などの運動に関与しない臓器の血流は減少する（図8）[5]．運動時の酸素摂取量は換気量と心拍出量により調節される．以下に換気量と心拍出量について説明する．

①換気量

1回の呼吸で肺に取り込まれる空気の量を1回換気量，1分間で肺に取り込まれる空気の量を換気量という．安静時のヒトは1分間に10〜15回の呼吸を行っているが，運動を始めると1回換気量と呼吸数が増加し，換気量が増大する．呼吸の大きさや回数を制御しているのは脳幹にある呼吸中枢で，末梢に多くの受容器を持っている．受容器は肺，筋，腱などに多く存在し，血液中の酸素や二酸化炭素の濃度，pHの情報を呼吸中枢に伝え呼吸を調節している．

運動時には，酸素の利用により血中の酸素分圧の低下および二酸化炭素分圧[2]の上昇が起こり，それを化学受容器[3]が感知して呼吸中枢を介して呼吸が活発になる．一般に運動強度と換気量は比例するが，ある強度を超えると酸素需要量以上の換気が起こり，最大時の呼吸数は60〜70回/分，換気量は100 l 以上にも達する．

> 2　酸素分圧，二酸化炭素分圧：流体の体積当たりの酸素もしくは二酸化炭素量を示す．ここでは血液中の単位体積当たりの酸素もしくは二酸化炭素量のことである．
>
> 3　化学受容器：特定の物質の化学刺激により，求心性神経インパルスを発生させる受容器である．

図8 ● 安静時と運動時の血流配分率および血流配分量と割合

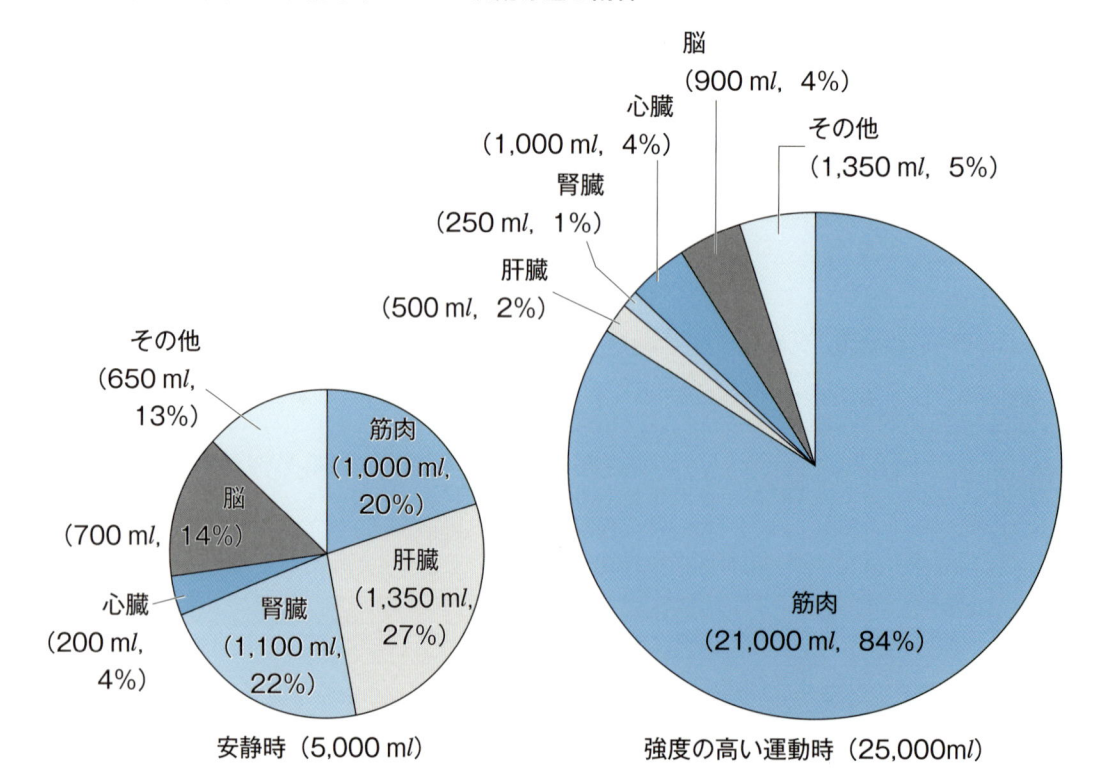

安静時（5,000 ml）
- 筋肉（1,000 ml，20％）
- 肝臓（1,350 ml，27％）
- 腎臓（1,100 ml，22％）
- 心臓（200 ml，4％）
- 脳（700 ml，14％）
- その他（650 ml，13％）

強度の高い運動時（25,000 ml）
- 筋肉（21,000 ml，84％）
- 肝臓（500 ml，2％）
- 腎臓（250 ml，1％）
- 心臓（1,000 ml，4％）
- 脳（900 ml，4％）
- その他（1,350 ml，5％）

運動時は安静時に比べて筋肉への血流が大きく増加する．心臓や脳へも血流が増加し，肝臓や腎臓への血流は減少する．

（八田秀雄ほか，2009 [5]を一部改変）

②心拍出量

心拍出量とは心臓から全身へ放出される1分当たりの血液量のことであり、1回拍出量（心臓が1回の拍動で放出する血液量）と心拍数（1分間に心臓が拍動する回数）の積で求めることができる．運動時には両者とも増加して心拍出量の増大に貢献する．

心拍数は運動強度に比例して上昇するのに対し、1回拍出量は中等度の強度までは増加するものの，それ以降はプラトーか若干減少する．運動時の心拍出量の調節は心拍数と1回拍出量の相乗効果の結果だが，ある強度以上になると心拍数の貢献度が1回拍出量の貢献よりも大きくなる．心拍数および1回拍出量は自律神経系，大動脈圧，心筋に収縮力などの要因に規定される．

5）ホルモンの運動生理学

ホルモンとは，主に内分泌器官（腺）から分泌され，血流を介して体内を循環し，微量で身体の機能を調節したり維持したりする生理活性物質である．内分泌器官以外でも，視床下部の神経細胞などは神経終末から血中にホルモンを分泌する（神経内分泌）．最近では，心臓や脂肪組織なども内分泌機能を併せ持つことがわかってきている．これらのホルモンは，運動時に必要なエネルギー代謝や血流の分配，体液の平衡化などを調節している．運動に伴うホルモンの分泌応答は運動様式や期間・時間によって異なり複雑である．強度の点からみると，乳酸性作業閾値（LT）を超える強度（最大酸素摂取量60～70％以上，心拍数110～130拍/分以上）になると，多くのホルモンが血中に増加し始める（図9）．そこで，ここでは一過性のLT強度（中等度）運動中のホルモン分泌応答とその作用について概説する．

運動の開始に伴い，交感神経が活性化し瞬く間にアドレナリンやノルアドレナリンなど，血中のカテコールアミン濃度が上昇する（図10a）[6]．カテコールアミンとは，アドレナリン，ノルアドレナリン，ドーパミンの総称である．なかでも，副腎髄質から分泌されるアドレナリンは肝臓や筋のグリコーゲン分解や解糖，糖新生，脂肪分解などを促進し，運動時のエネルギー需要に応じる作用を持つ．また，運動開始に伴う心拍数を増加もアドレナリン作用の1つであり，循環する血液量を増加させる作用を持つ．運動が長時間にわたると，身体を動かすエネルギー源である血糖の値が徐々に低下し始める．このときに重要な役割を担うのが，膵臓のランゲルハンス島α細胞から分泌されるグルカゴンである．グルカゴンは，肝臓におけるグリコーゲン分解や糖新生を亢進し，血糖を上昇させる．また，脂肪組織での脂肪分解や肝臓でのケトン体産生も促進し，これらをエネルギー源として供給する．一方，膵臓のランゲルハンス島β細胞から分泌されるインスリンは，組織へのグルコースの取り込みを促進する作用を持つが，運動時には減少する．これは，増加したカテコールアミンによる抑制を受けるためである．運動時の糖取り込みは，骨格筋におけるインスリンレベル感受性の増加や，骨格筋収縮そのものが血糖の取り込み亢進によるものとされる．

視床下部-下垂体系からもさまざまなホルモンが分泌される（図10b）[6]．生理学ではストレスの指標とされる副腎皮質刺激ホルモン（ACTH）をはじめ，アルギニンバソプレシン（AVP）などのストレス反応に関連するホルモンの分泌が増加する．このことからLT強度以上の運動は，一種のストレスと定義することができる．ACTHは，副腎皮質ホルモンであるグルココルチコイドの血中濃度を上昇させる．

第3章

図9 ● 負荷漸増運動におけるLT強度の運動に対する血中ホルモン分泌応答

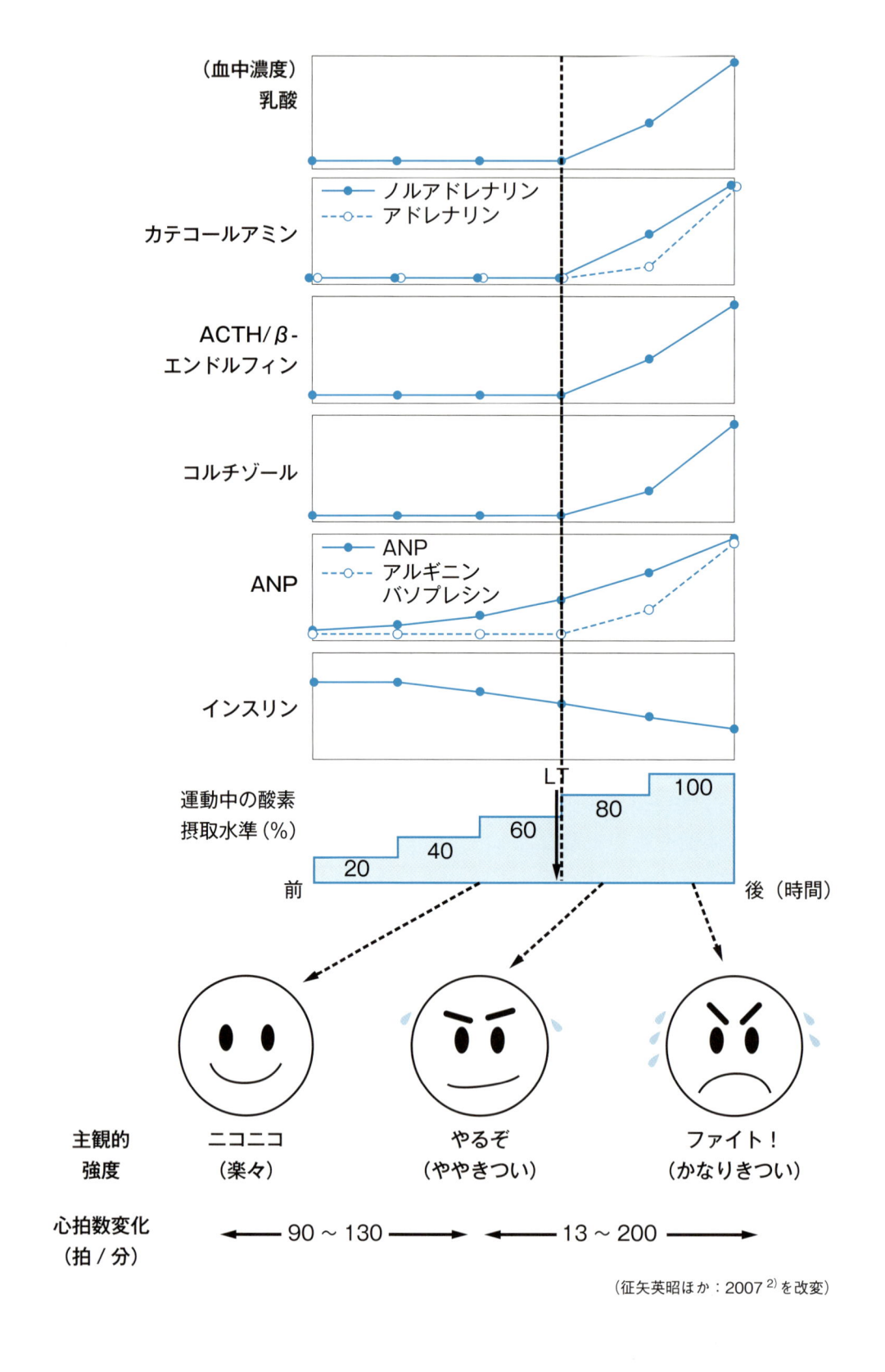

（血中濃度）
乳酸

カテコールアミン
— ノルアドレナリン
--○-- アドレナリン

ACTH/β-エンドルフィン

コルチゾール

ANP
— ANP
--○-- アルギニンバソプレシン

インスリン

運動中の酸素摂取水準（％）
20　40　60　LT　80　100
前　　　　　　　　　後（時間）

主観的強度：ニコニコ（楽々）／やるぞ（ややきつい）／ファイト！（かなりきつい）

心拍数変化（拍/分）：90〜130　／　13〜200

（征矢英昭ほか：2007[2)]を改変）

図 10 ● 運動によるホルモン分泌応答とその作用
a：交感神経系を介したホルモン分泌応答，b：視床下部 - 下垂体系を介したホルモン分泌応答

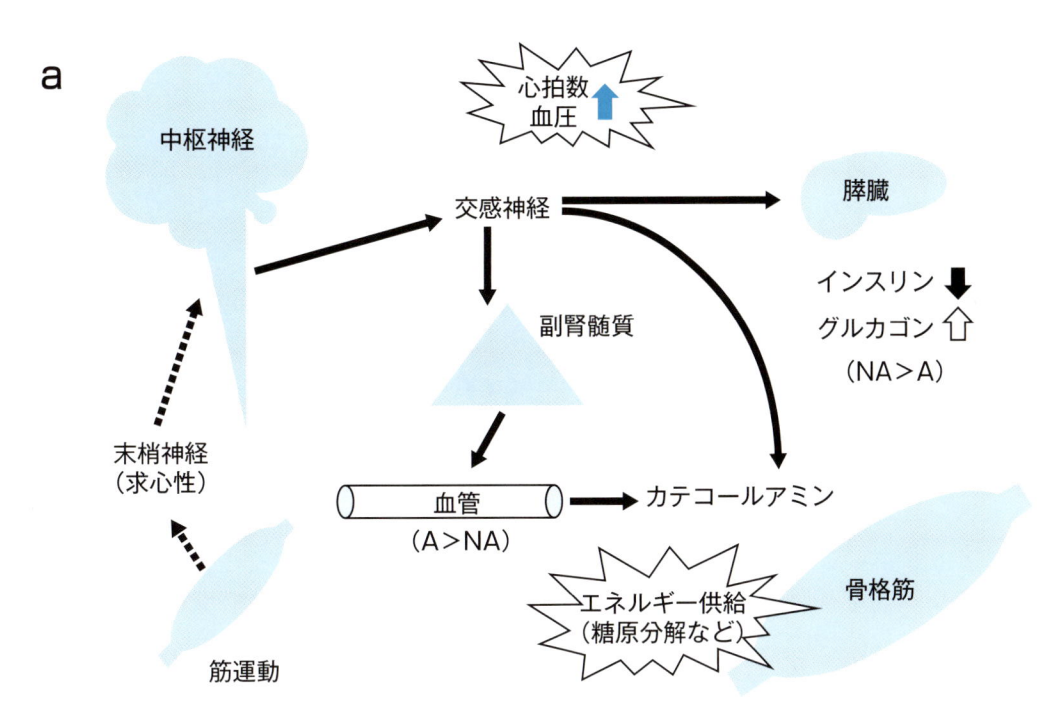

(A：アドレナリン，NA：ノルアドレナリン)

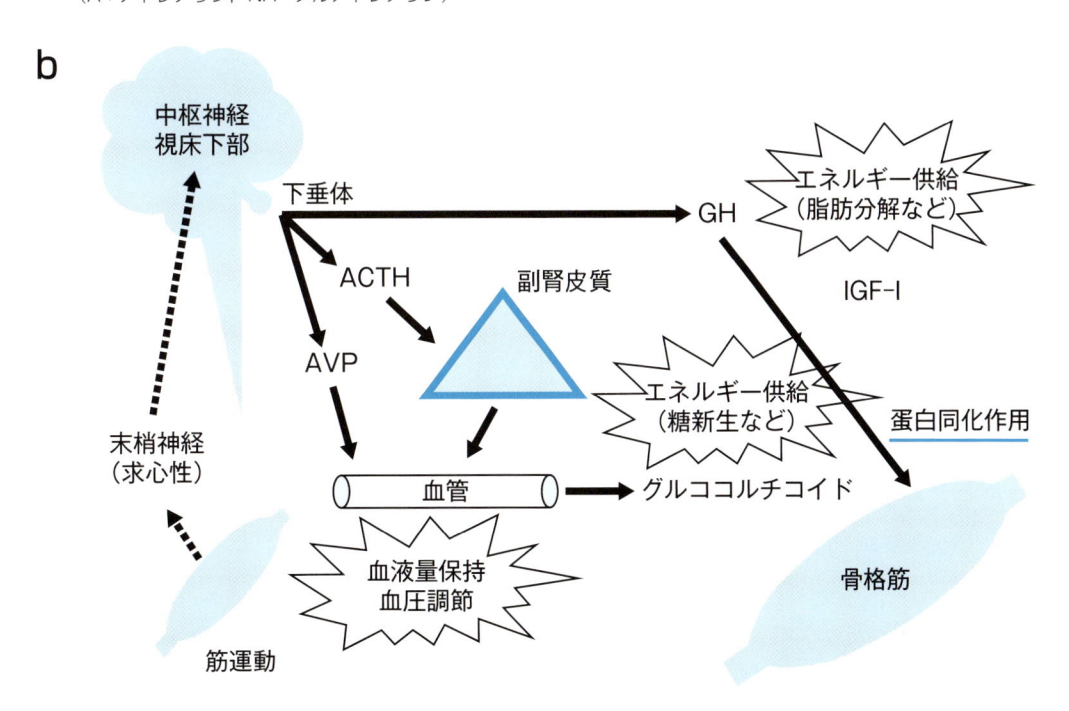

ACTH：副腎皮質刺激ホルモン，AVP：アルギニンバソプレシン，GH：成長ホルモン，
IGF-I：インスリン様成長因子I，ANP：心房性ナトリウム利尿ペプチド

(Hackney AC：2006[6]) を改変)

グルココルチコイドについても，前述したカテコールアミンやグルカゴンと同様に，肝臓での糖新生亢進などエネルギー供給系にかかわる生理作用を持つ．AVPは下垂体後葉から分泌される抗利尿ホルモンで腎臓集合管における水再吸収を促進し，血液量を保持する働きを持つ．また，血管平滑筋に作用し，血管を収縮させることで血圧を上昇させる．このような運動に伴うストレス反応は，運動時の緊急な代謝，循環要求を満たすために必要であることを意味する．ストレスに関連するホルモン以外にも，下垂体前葉からは成長ホルモン（GH）が分泌される．この分泌が骨・筋の成長促進を促すかどうかはいまだに不明である．ただし，適度な運動を長期的にトレーニングとして行うと，安静時にみられる脈動的なGH分泌パルスが変容し，夜間の分泌が増大するなど1日のGH分泌総量が増加する．そのような被験者ではBMIが増加することが報告されている[7]．したがって，GHのもう1つの作用である脂質代謝促進効果が想定される．事実，GHは脂肪分解の促進，糖取り込みの抑制やインスリン感受性の低下，ケトン体産生の促進などの効果が知られる．このうち脂肪分解作用は長時間要することから，運動によるGH分泌上昇に伴う脂質代謝の亢進は長時間運動あるいは慢性的なトレーニングで生じる可能性が考えられる．

6）健康づくりの運動生理学

運動が肥満や高血圧などの「生活習慣病」を予防するために効果的であることは知られているが，いったいどのくらいの運動をすればよいのだろうか．厚生労働省は健康の維持・増進に必要される身体活動の基準を示すために，世界の関連論文のシステマティックレビューを実施し，「健康づくりのための運動基準2006」を示している．この運動基準に基づき，安全で有効な運動を広く国民に普及することを目的として，「健康づくりのための運動指針2006」（運動指針）[8]が策定されている．

運動指針において，身体活動は運動と生活活動に分類される（**図11a**）[8]．運動は体力の維持・向上を目的として，計画的・意図的に実施する活発な身体活動であり，生活活動とは家事を含め日常生活で営まれる運動以外の身体活動をさす．これら身体活動の量は「METs・時 = エクササイズ」という単位により表される．METs（メッツ）とはmetabolic equivalents（代謝当量）の略語で，その値は以下の式によって算出される．

$$METs = 運動時の酸素摂取量 / 安静時の酸素摂取量$$

つまり，安静時は1METに相当する．METsは身体運動時の代謝量が安静時（1MET）の何倍にあたるかを意味することから，身体活動の強度を表す単位として使用されている．ちなみに，歩行は3METs（安静時の3倍の酸素摂取量），速歩は4METs（安静時の4倍の酸素摂取量）となる．このMETsに時間の概念を加えたのがエクササイズ（METs・時）である．例えば，3METsの身体活動を1時間行うと，3METs×1時間=3エクササイズとなり，6METsの身体活動を30分間行うと，6METs×1/2時間=3エクササイズとなる．METsが高い身体活動であれば，短い時間で1METsとなる．

運動指針では健康づくりのための身体活動量目標値を定めている．それによると，週23エクササイズ以上，そのうち，運動（活発な身体活動）を週4エクササイズ程度実施することが推奨されている．この目標に含まれる活発な身体活動とは，3METs以上の身体活動であり，3METs未満の弱い

図11 ● 「健康づくりにおける運動指針2006」における身体活動の分類（a）と1エクササイズに相当する活発な身体活動（b）

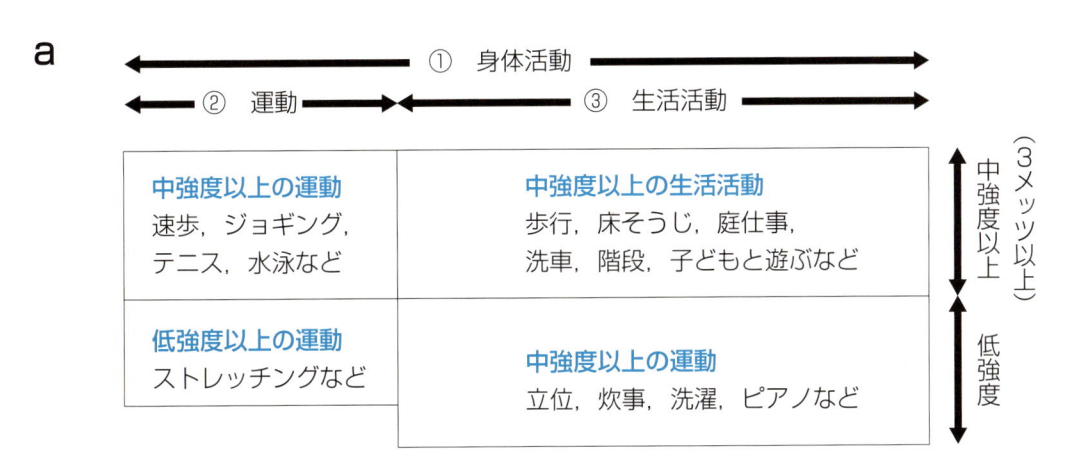

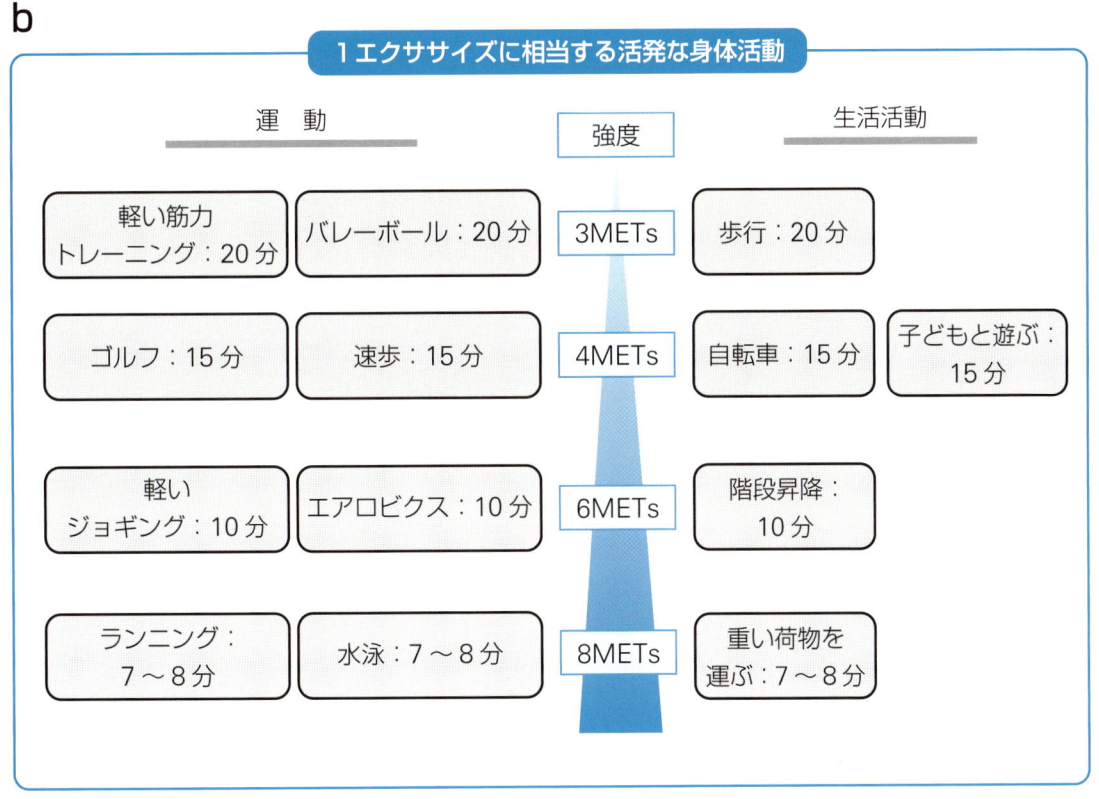

a

① 身体活動
② 運動　　　③ 生活活動

中強度以上の運動 速歩，ジョギング，テニス，水泳など	中強度以上の生活活動 歩行，床そうじ，庭仕事，洗車，階段，子どもと遊ぶなど	中強度以上 （3メッツ以上）
低強度以上の運動 ストレッチングなど	中強度以上の運動 立位，炊事，洗濯，ピアノなど	低強度

b

1エクササイズに相当する活発な身体活動

運動		強度	生活活動	
軽い筋力トレーニング：20分	バレーボール：20分	3METs	歩行：20分	
ゴルフ：15分	速歩：15分	4METs	自転車：15分	子どもと遊ぶ：15分
軽いジョギング：10分	エアロビクス：10分	6METs	階段昇降：10分	
ランニング：7〜8分	水泳：7〜8分	8METs	重い荷物を運ぶ：7〜8分	

（運動所要量・運動指針の策定委員会：2006[8]）を改変）

身体活動は含まれないことに留意する必要がある．1エクササイズに相当する活発な身体活動を**図11b**[8])に示す．生活習慣病予防のためには，これらの基準をもとに身体活動量を増進するようなプログラムを考える必要があるだろう．

1エクササイズの身体活動量に相当するエネルギー消費量（**表2**）は，個人の体重によって異なるため，運動指針ではエクササイズ（METs・時）を用いている．

しかし，1日のトレーニングがどのくらいのエネルギーを消耗するかを把握するこ

表2●1 エクササイズの身体活動量に相当する体重別エネルギー消費量

体重	40 kg	50 kg	60 kg	70 kg	80 kg	90 kg
エネルギー消費量	42 kcal	53 kcal	63 kcal	74 kcal	84 kcal	95 kcal

とは，エネルギー消費に見合った適切な栄養補給を確保し，オーバートレーニングを防ぐ意味でも重要である．具体的には，以下の簡易換算式から算出することができる．

エネルギー消費量(kcal) = 1.05 × エクササイズ(METs・時) × 体重(kg)

安静座位姿勢での酸素摂取量は体重1 kg当たり1分間に3.5 mlである．

1METの酸素摂取量 = 3.5 ml/体重kg/分

酸素を1 l消費すると5 kcalのエネルギーを生じるので，

1MET = 5 ×(3.5/1,000)× 60 kcal/kg/時

1MET・時 = 1.05 kcal/kg　となり，上記の式が導かれる．各自でエネルギー消費量を確認してみるとよいだろう．

【文献】
1) 河野一郎：アスレティックトレーナーのためのスポーツ医学．文光堂，1998．
2) 征矢英昭ほか：新版これでなっとく 使えるスポーツサイエンス．講談社，pp.90-98, 152-162, 2007．
3) 勝田 茂ほか：運動生理学20講．朝倉書店，p.33, 1993．
4) 勝田 茂ほか：入門運動生理学 第3版，杏林書院，pp.12-20, 2007．
5) 八田秀雄ほか：乳酸と運動生理・生化学—エネルギー代謝の仕組み．市村出版，pp.8-14, 2009．
6) Hackney AC：Exercise as a stressor to the human neuroendocrine system.Medicina（Kaunas）42：788-797, 2006．
7) Weltman A：Endurance training amplifies the pulsatile release of growth hormone：effects of training intensity. J Appl Physiol 72：2188-2196, 1992．
8) 運動所要量・運動指針の策定委員会：健康づくりのための運動指針2006－生活習慣病予防のために．エクササイズガイド2006．厚生労働省，pp.5-7, 2006．

セルフチェック

STEP 1

問 1
運動プログラムの発現機序について，下図の①〜⑤に適当な語句を記入してみましょう．

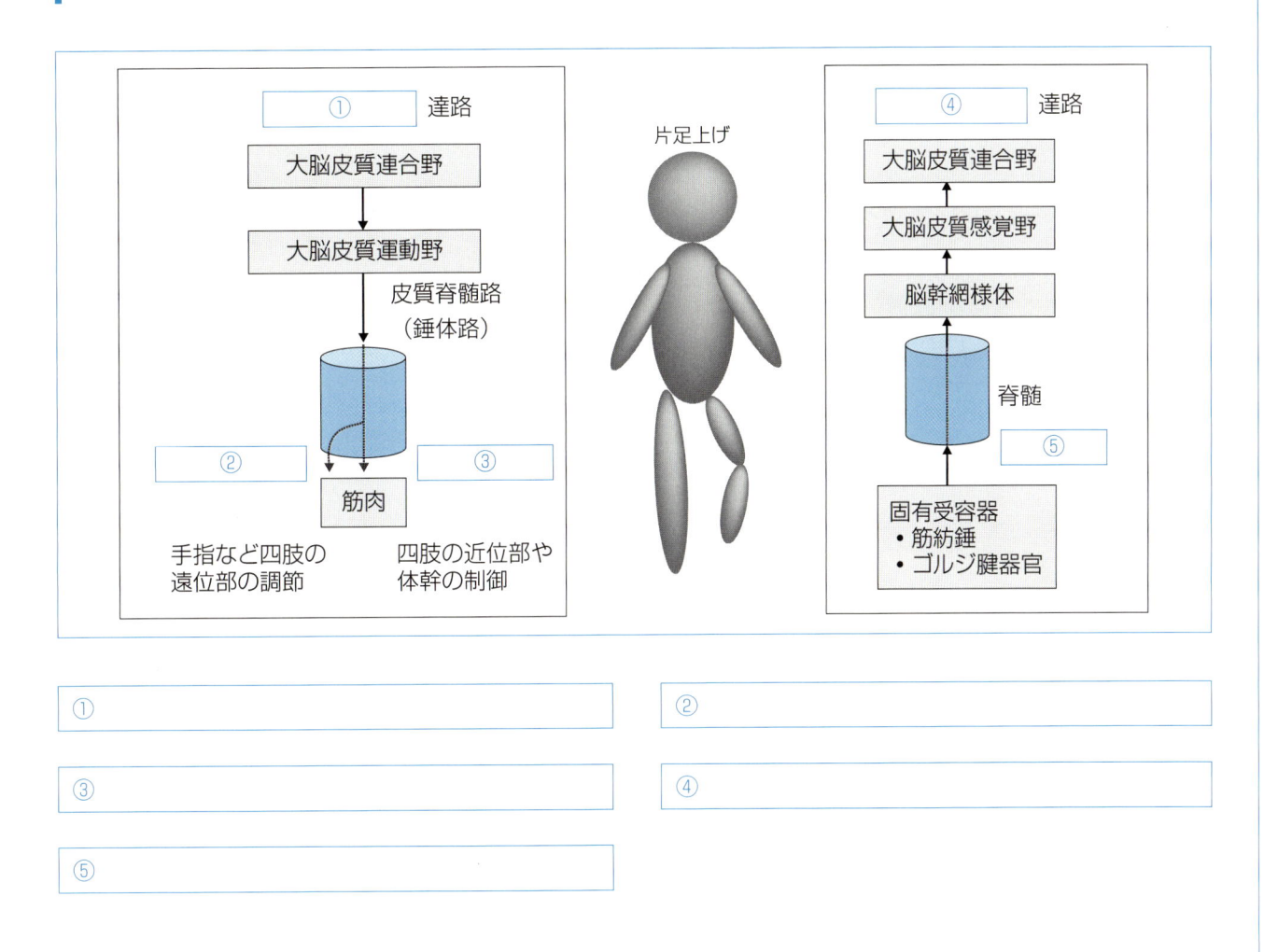

[①]達路
大脳皮質連合野
大脳皮質運動野
皮質脊髄路（錘体路）
[②]　[③]
筋肉
手指など四肢の遠位部の調節
四肢の近位部や体幹の制御

片足上げ

[④]達路
大脳皮質連合野
大脳皮質感覚野
脳幹網様体
脊髄
[⑤]
固有受容器
・筋紡錘
・ゴルジ腱器官

①
②
③
④
⑤

問 2
運動条件とエネルギー供給系の関連について，下図の番号に適切な語句を記入してみましょう．

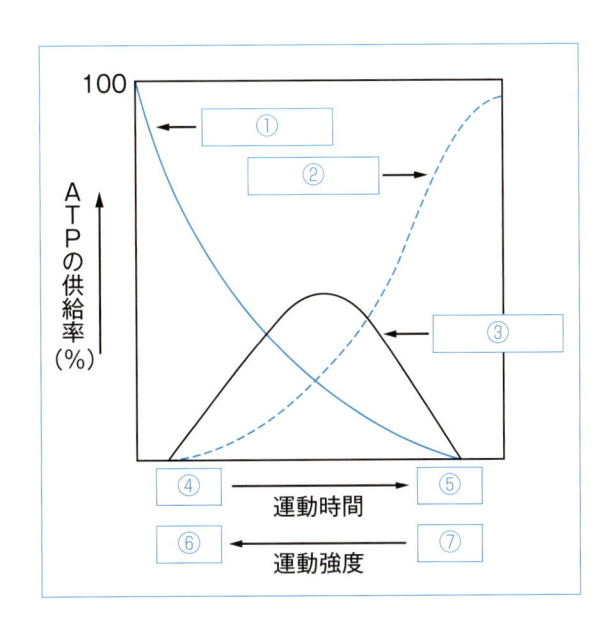

縦軸：ATPの供給率（％）
横軸：運動時間／運動強度

[①]
[②]
[③]
[④]　[⑤]　運動時間
[⑥]　[⑦]　運動強度

①
②
③
④
⑤
⑥
⑦

STEP 2

問 1
興奮収縮連関とは何か，簡潔に説明してみましょう．

問 2
運動時のホルモンの分泌応答（視床下部-下垂体系）とその作用について，図示してみましょう．

```
中枢神経
視床下部

            副腎皮質

末梢神経
（求心性）
             血管
                        骨格筋
  筋運動
```

問 3
強度の高い運動時の骨格筋の血流量は安静時の何倍に増加するか，図8のデータを基に計算してみましょう．同様に脳，肝臓，腎臓など他の臓器についても計算してみましょう．

安静時の骨格筋血流量

激運動時の骨格筋血流量

問 4
体重60kgの人が週に25エクササイズを行った場合の消費カロリーを計算してみましょう．

（征矢英昭，松井　崇，岡本正洋）

第4章

スポーツ心理学

1. スポーツ心理学とは
2. スポーツ心理学を学習する意義
3. スポーツ心理学の実際
4. 心理的スキルトレーニングの活用

第4章

スポーツ心理学

本章では，スポーツ心理学の歴史を踏まえ，現場での実践を目的とした応用スポーツ心理学の分野を紹介する．特に，アスレティックトレーナーという役割におけるスポーツ心理学の活用法に触れる．

はじめに

最近，日本のスポーツ界でも，スポーツ選手やチームをサポートする専門家の役割が大きく取り上げられるようになってきた．日本でよく使われる「心・技・体」という言葉における「心」の部分のサポートをする専門家は，「スポーツメンタルトレーニング指導士」「スポーツカウンセラー」「スポーツ心理学者」という名称が使われている[1]．また「技」に関しては，技術面や作戦・戦術面の専門家として，「監督・コーチ」がいる．一方，「体」の部分に関しては，「ストレングス&コンディショニングコーチ」「フィジカルコーチ」「トレーニングコーチ」「スポーツドクター」「アスレティックトレーナー」「スポーツ栄養士」などの多くの専門家がいる．

最近は，これらの専門家を目指す学生も増え，アスレティックトレーナーを目指す「学生トレーナーの集い」という組織もでき，毎年1回の大会を開催している．これを参考に近年，「学生トレーニング指導者の集い」や「学生スポーツメンタルトレーニング研究会」が発足し，トレーニング指導者やスポーツメンタルトレーニング指導士の資格取得を目指す学生も増えている．

2000年に，日本スポーツ心理学会が「スポーツメンタルトレーニング指導士」という資格認定制度[1]を発足させ，メンタル面強化を目的とした専門家育成をする体制ができた[2]．また日本臨床心理身体運動学会では，「スポーツカウンセラー」の資格認定制度を発足させ，競技力向上に直接かかわらない心理面での相談や問題に対処してくれる専門家育成も始まった．しかし，日本では「心」の部分に関する専門家育成や専門家の活躍する場の整備は，諸外国に比較するとまだかなり遅れている．今後は，各分野での専門家の役割分担と同時にこのような「心技体」をサポートする専門家の協力体制の強化が，それぞれの地位の確立を促進するものと考える．

1. スポーツ心理学とは

加賀（1988）[3]は，「スポーツ心理学は，スポーツに関わる事象や問題を研究する学問である」と述べている．このようにスポーツ心理学は，スポーツにおける心理的側面を研究・応用する学問であり，選手の「競技力向上」にかかわる部分と運動やスポーツが「人間の心理面（心の健康）」にかかわる部分とがある．

日本では，日本体育学会の体育心理学専門分科会や日本スポーツ心理学会という情報交換をする組織が中心となり，「研究」を主たる目的としたスポーツ心理学の流れがある．一方，米国では1986年から，現場での実践を目的にした「応用スポーツ心理学」が派生し，現在は「国際応用スポーツ心理学会」を中心として，世界的な研究や実践の大きな流れとなっている[4]．

1　日本スポーツ心理学会が，スポーツメンタルトレーニングの専門家として，スポーツ心理学の学識や技能を有すると認める認定資格．

2. スポーツ心理学を学習する意義

運動やスポーツをする人々に対する心理面へのかかわりには，基本的に2つのアプローチがある[5]．1つは，「スポーツを行う選手の心理面にどのような影響を及ぼすであろうか」という考え方である．つまり，競技スポーツのプレッシャーなどを克服して実力発揮や上達を目的とした心理面の強化などである．日本でも最近は，試合などで実力を発揮するための準備や強化という考え方が海外から輸入され，「メンタルトレーニング」という形で普及し，伝統的な精神主義や根性論が姿を消しつつある[6]．

2つ目は，運動やスポーツをすることで，ストレス解消や心の健康（メンタルヘルス）によい影響を及ぼすであろうという考え方である．つまり，運動やスポーツをすることで仕事や勉強から離れて，気持ちのリフレッシュをすることである．また一緒に運動やスポーツをする仲間，チームメイト，友人ができ，心理面においても一種の安心感や帰属意識ができる．さらにスポーツを実施することで，集中力，やる気の向上，フラストレーションの解消，ミス・成功・勝敗などからの葛藤の体験，コーチと選手の人間関係，チームメイト同士（先輩・後輩）の人間関係などを含んだ体験学習ができ，気持ちや感情をコントロールする能力なども向上させることができるというのである．

このような観点から考えると，アスレティックトレーナーがかかわる部分としては，ケガをした選手のリハビリテーション（以下，リハビリ）中や競技に復帰する際においての心理面でのかかわりやケガの予防などが考えられる．特に，ケガをした選手の心の健康（落ち込み，不安，焦り，フラストレーション）におけるメンタルケアは重要である．さらに，ケガのために身体を使った練習ができないからこそ，心理面の強化を目的にメンタルトレーニングを活用できるという考え方もあり，アスレティックトレーナーとしても，スポーツ心理学的知識を学んでおくことはますます重要になってくると思われる．

3. スポーツ心理学の実際

1）スポーツの技能を向上させるための心理的側面

指導者という大きな立場からは，選手のスポーツの技能を向上させるには，いろいろな心理的条件・要因を考える必要がある．例えば，やる気（モチベーション）を高める，効果的な休息の取り方，練習の量だけでなく質を向上させる集中力や目標の明確化，また同じ時間練習をするなら集中してやったほうがよいのか分散するほうがよいのか，指導者のフィードバック（結果の知識，アドバイス，情報還元）などである．このように，スポーツの技能を向上させるには，身体的練習だけで十分とはいいきれない心理面の条件がある[1]．

一方，アスレティックトレーナーとしては，スポーツ外傷・障害のリハビリにおける選手のモチベーションや，運動機能を回復させる練習への集中力を高める，焦りや不安などフラストレーションへの対処，他の選手や指導者との円滑なコミュニケーションなどの心理面を考慮した対応が必要である．

2）チームワークや人間関係に関する心理的側面

スポーツの成績には，選手と指導者，チームメイト，先輩・後輩，ライバル，家族，

友人などとの人間関係も重要な心理的要因となる．したがってアスレティックトレーナーも，監督，コーチ，選手，トレーニングコーチ，メンタルトレーニングコーチ，保護者などとの人間関係を考慮した活動をする必要がある．また運動やスポーツは，個人で行うだけでなく，集団競技としてチームワークをはじめとする人間関係，社会的関係が生じ，さまざまな心理的問題が起こり，その解決方法も必要になる．

アスレティックトレーナーがかかわるチームにおけるコーチ，選手，保護者などとの人間関係の構築は，よりスムーズにする方法を鍛えるとよい．例えば，毎日，24時間を利用してポジティブな言葉を使う会話や感謝の気持ちを常に持つプラス思考のトレーニングは，選手本人だけでなくアスレティックトレーナーにおいても理解してほしいトレーニング方法である．これらのメンタル面を強化するトレーニングで身につけた心理的スキルやテクニックを場面に応じて活用することは，他人との関係をスムーズにできるだけでなく，選手に信頼されるアスレティックトレーナーとなる非常に重要なテクニックの1つといえる．

3）心理面を考慮した指導法

日本のスポーツ界では，伝統的に「怒る指導」や「欠点修正の指導」が行われてきた[1]．「ほめる指導」のほうが「怒る指導」より効果的だということは，スポーツだけでなく，勉強や子育てなどの教育，営業効率を上げるビジネス，一般生活などにおいてもよくいわれることで，最近はスポーツ界でも，スポーツ心理学を背景とした選手の心理面を考慮する指導が普及してきた．つまり指導者は，選手の自己有能感やモチベーションの高め方を工夫し，選手が自分の向上に必要な環境や心理状態に自分を追い込む，きつい練習を喜んでやる環境を準備する必要がある．そのためには，言葉を使ったコミュニケーションスキルやノンバーバル（言葉を使わない）コミュニケーションスキルを身につけることが指導者として重要である．

ほめる指導は，運動やスポーツでは，よい点をあげてほめること，つまり選手に「よいイメージ」を植えつけそのイメージを効果的に活用できるようにしたり，期待されれば期待にこたえようとする人間の特徴を考慮した指導法である．一方，怒る指導の多くは，欠点を指摘し，それを修正させようとするために，選手に「悪いイメージ」を植えつける結果となり，ある場面で怒られた記憶（悪いプレーのイメージ）が頭の中でフラッシュバック（記憶を呼び戻し）し，また同じミスを繰り返す原因になっている．このことから指導者は，選手の心理面を考慮した効果的な指導法（テクニック）を身につけることが，より質の高い効率的な指導をすることにつながるであろう．したがってアスレティックトレーナーの活動においては，選手のモチベーションや自己有能感を高めるコミュニケーションスキルは重要である．

4）選手の心理面の強化

スポーツ心理学から派生した「応用スポーツ心理学」の目的は，現場での実践であり，その代表例がメンタルトレーニングという心理面を強化するトレーニング方法である[4]．

選手が試合で実力を発揮するには，心技体のバランスが必要である．特に，毎日の練習で身につけた技術や体力を十分に発揮するという点において，試合に対する心理的準備のメンタルトレーニングが有効である．また毎日の練習の質を高めることを目的としたメンタルトレーニングで，技術や体力の向上が可能となる．つまり，やる気

があり，集中した，明確な目的を持つという心の準備をした練習をすれば，質の高い練習が可能となり，また選手のセルフコントロール能力を高めることで試合での実力発揮につながる．

スポーツ心理学を背景としたメンタルトレーニングによる心理面の強化は世界的な動向であり，日本独特の伝統や指導者の経験だけではもう追いつかない時代になってきた．日本では，怒り，罰を与え，選手を精神的に追い込むような厳しい環境を準備すれば効果的に指導できると考えている指導者もまだ多いが，スポーツ心理学の理論からは，他人の影響での外発的なモチベーションだけでは効果的な指導は難しいと考えられている[4]．したがって，選手の内発的なモチベーションを高める心理面の強化が，選手のさまざまな面の向上に大きな影響を及ぼすことをアスレティックトレーナーとしても理解してほしい．

スポーツ心理学による心理面強化の最大の課題は，「プレッシャー」への対処法である．しかし日本のスポーツ界では，心理面の強化については，選手まかせ（選手の責任）にして，指導者がそのための環境を作ることをしてこなかった[4]．これからのアスレティックトレーナーはスポーツメンタルトレーニング指導士と協力をして，選手にプレッシャーとは何かを説明し，何が原因で実力を発揮できないのかを理解させ，その対処法としてのメンタルトレーニングを勧めることは，選手の向上に大きく貢献できると考える．同時に，ケガをした選手が身体的問題以上に悩む心理的問題を考慮したサポートをすることを勧めたい．

選手が試合で実力を発揮するには，試合に対する心理的準備をすることが必要である．この心理的準備とは，毎日の生活や練習で心理面強化をすることでもある．例えば，日常生活を利用したメンタルトレーニングには，①夜寝る前・朝起きたときのセルフコンディショニング（自己調整），②ポジティブな気持ちでする朝の挨拶（コミュニケーションスキル），③通学や通勤時間を利用したプラス思考のトレーニング，④学校や職場での人間関係をよくするセルフトークやコミュニケーションスキルのトレーニング，⑤興味のわかない学校の授業や仕事に対する集中力のトレーニング，⑤試験や商談などに対する心理的準備をする，などがあげられる[7]．

また毎日の練習を利用したメンタルトレーニングには，①体育館やグランドに入る前の心の準備や気持ちの切り替え，②個人でやる練習が始まる前の心身の準備運動，③監督の話をポジティブに聞くプラス思考のトレーニング，④チーム全体でやる練習前の身体ウォーミングアップの時間を活用した心理的準備，⑤練習に対する目標設定やモチベーションアップのトレーニング，⑥集中力が切れたときの気持ちの切り替えや集中力の回復，⑦練習におけるイメージの活用やイメージトレーニング，⑧練習における強気・積極的・前向きの気持ちを作るプラス思考やセルフトークのトレーニングなどがある．これらは，選手の技術や体力面での向上を促進すると同時に心理面の強化にもなり，結果として試合で実力を発揮し，勝利にも貢献する．つまり試合で実力を発揮するには，身体練習をしっかりやるのは当たり前であるが，この身体練習を質の高いよい練習にするためには，毎日の練習や生活でメンタルトレーニングを実施する必要があるということである[7]．このことは，ケガをした選手のリハビリにおいても当てはまる．

5）心の健康（メンタルヘルス）

運動やスポーツをすることで，気の合っ

第4章

た仲間と楽しい時間を過ごし，仕事や勉強から離れて，ストレス解消や気持ちの切り替え，心のリフレッシュなどをすることができる．しかし，運動やスポーツをすることで，監督の厳しい指導や競争がストレスとなり，心が健康ではない状態に陥ることもある．特に，ケガをしたときの落ち込み，不安，心配などのフラストレーションに関して，アスレティックトレーナーが選手の心理面や心の健康を考慮することは重要である[2]．

スポーツで身体と心を追い込む（向上を目的としたよい意味でのチャレンジ）こと，日常生活では心の平静に貢献する気持ちの切り替えや趣味などの楽しみを持つこと，親しい友人や家族と楽しい時間を持つことも，心の健康に貢献すると考えられる．そのためには指導者の目を気にした外発的モチベーションでの緊張した練習や試合ではなく，純粋にスポーツが好き，楽しい，面白いという内発的なモチベーションを選手が持つことが，よい練習や試合での実力発揮につながり，爽快感を得たり，気持ちの切り替えができ，ストレス解消としての運動やスポーツの重要性も高める．したがって，アスレティックトレーナーは，競技に必要な心理面の強化だけでなく，リハビリ時の人に対しても日常生活とのバランスも考慮したアドバイスをしたいものである．

6）スポーツ外傷・障害と心理的側面

多くの選手は，ケガをして「落ち込む」という状態になりやすい．アスレティックトレーナーは役割上，選手のリハビリにかかわることが多いので，ケガが選手の心理面にどのような影響をするかの認識とそのケア，さらに予防（強化）の仕方を理解しておくことが重要である．例えば，ケガで落ち込んでいる選手に対して，どのようなコミュニケーションをとるのか，選手の心理面を考慮した対応，特に気持ちの持ち方をどうアドバイスできるかを理解しておくことも必要である．一般的に，ケガをしたところを治すだけでなく，ケガをしていない身体部位を強化し，メンタル面をパワーアップして現場に復帰するという考え方があれば，選手はより理想的・効果的なリハビリができると考えられる．例えば，イメージトレーニングを活用した技術や戦術面の強化，プラス思考やセルフトークなど24時間を活用して行うことのできるメンタルトレーニングなどを紹介し，心理面ではパワーアップできることをアドバイスするなどである．具体的には，ケガをしたことは仕方がないことだから今できることは何かを考え，今できることに意識を集中し，復帰後には何をしたいのかを選手自身に考えさせ，復帰後の明確な目標を持たせるなどである．

ここでアスレティックトレーナーのあなたに質問をしたい．「選手は，なぜケガをすると落ち込むのか」「どこかの教科書に書いてあるのだろうか」「ケガをしたら落ち込めと指導していただろうか」，また，「選手が落ち込む原因は何だろうか」を考えてほしい．スポーツ界全体の考え方が，そのようなネガティブな方向へ持っていく環境にあるとは考えられないだろうか．そこで，ケガに関する考え方をポジティブな方向へ持っていくプログラムを提案したい．これこそがメンタルトレーニングだと理解してほしいと考える．

7）動機づけ（やる気，モチベーション）

スポーツの指導者は，選手のスポーツへの参加，継続，やめる，上達，実力発揮などに大きな影響を及ぼす心理面を理解することが重要である[1]．アスレティックトレーナーも，選手のリハビリや復帰，ケガ予防という観点からトレーニングへの心理

面での取り組みを考慮する必要がある．具体的には，選手はなぜスポーツをするのか，なぜ継続して練習するのか，どんな気持ちで練習すれば上達し，試合で実力を発揮できるのか，またなぜケガの予防が必要なのか，ケガからの復帰に必要なリハビリにどう取り組むのかを理解することが，指導やサポートをするうえで重要である．

モチベーションは，人間に行動を起こさせる理由でもあり，気持ちを目標に向けさせる，ケガからの復帰を望む，また継続させるための役割を持っている．したがって，「内発的なモチベーション（自分の気持ちからのやる気）」を持った選手が，より上達するという理論を理解し，現場では外発的なモチベーション（自分の気持ちとは別の要因に影響を受けるやる気）を可能な限り避け，効果的な指導やアドバイスをする[8]．

一方，従来のスポーツの現場で多用されていた，指導者が選手のモチベーションを高めるために，怒り，説教（叱咤激励のアドバイス），罰を与えることは，選手と指導者の信頼関係があれば，また自主性のない何も考えていない選手や若い年代の何も知らない選手には有効かもしれない．しかし，熟練した選手，主体性を持った選手，また指導者との人間関係が崩壊している場合は有効ではない．さらにこの方法により，指導者と選手の人間関係や信頼関係が泥沼状態に陥る可能性が高い．もちろん可能ならば避けたい方法であっても，褒美を目標にがんばらせることは外発的なモチベーションを高める方法ではあり，内発的モチベーションを引き出すという指導のうまさがあればよい方向への効果を導き出せる場合もある．つまり，指導者が外発的なモチベーションを使い，選手がそれをきっかけに内発的モチベーションに変えることができれば，その効果は大きなものになるかもしれない[8]．

8）選手のやる気（モチベーション）を高める方法

アスレティックトレーナーにとって選手のモチベーションを高めることは，リハビリやケガの予防に対して，最も重要な要因の1つである．ここでは，具体的なモチベーションの高め方として，メンタルトレーニングのプログラムで使用する目標設定を紹介する[9]．

図1に示すような目標設定用紙を使用し，選手は結果目標，プロセス目標，目標を達成するためのプラン（計画），年間・月間・週間・毎日の目標を設定し，自分が何をしたいのか，何をすべきかを理解し，やる気を高める．次に，**図2**に示すように，**図1**で書いた結果目標を具体的に達成する方法を考えるプロセス目標（練習プラン，パフォーマンス目標）を書き，自分が何をすべきかを明確にしていく．さらに，今年1年・今月・今週・今日の目標を設定（**図3，4**）することで，自分がやるべきことを明確にし，モチベーションを高めるという方法もある[10]．

一方，選手は練習日誌でその日の反省や自己評価（フィードバック）をして，次の日の練習や試合でやるべきことの予習をすることで心理的準備をし，やる気を高める方法がある[10]．この方法は選手自身にリハビリの目標設定をさせて，毎日の回復やトレーニングを記録させモチベーションの維持や，より効果の上がるリハビリの実施に結びつけることもできる．同時に，リハビリで通常の練習ができないために発生する落ち込みに対する予防としての効果も期待できる．また日誌を書きながら技術や戦術面のイメージトレーニングをすることも加味できる．

図1 ● 目標設定用紙（結果目標）

この用紙の書き方：最初に，人生の目標を上から順番に書いて下まで書き終わりましたら，自分で書いた人生の目標を見ながら，右のスポーツやリハビリの目標を上から順番に書いてください．（制限時間10分で書いてください）

	人生の目標	スポーツ（リハビリ）の目標
夢のような目標		
最低限度の目標		
50年後の目標		
30年後の目標		
10年後の目標		
5年後の目標		
4年後の目標		
3年後の目標		
2年後の目標		
1年後の目標		
今年の目標		
半年の目標		
今月の目標		
今週の目標		
今日の目標		
今の目標		

これを書いてやる気が高まりましたか？それとも自分が何といいかげんで，行き当たりばったりだったか気づきましたか？これを書いた感想を書いてください．

図2 ● 目標設定用紙（プロセス目標）

この用紙の書き方：前のページで書いた目標設定用紙（結果目標）を見ながら，その結果目標を達成させるには何をどうしたらいいかのプロセス目標（プラン）を下記に書いてください．

	人生の目標	スポーツ（リハビリ）の目標
夢のような目標		
最低限度の目標		
50年後の目標		
30年後の目標		
10年後の目標		
5年後の目標		
4年後の目標		
3年後の目標		
2年後の目標		
1年後の目標		
今年の目標		
半年の目標		
今月の目標		
今週の目標		
今日の目標		
今の目標		

これを書いて，リハビリをしっかりやる意味，このケガをどのようにして将来へのエネルギーにできるか感想を書いてください．

9）心技体のバランス

スポーツ選手の上達や勝利（成功）は，心技体のバランスがあって成り立つと考えられる[10]．例えば「心（メンタル面，精神力）」が弱い選手，やる気のない選手は，技や身体の練習を真剣に集中してやらないので，練習の質が低くなり，上達しないだろうし，ケガも多くなると考えられる．また，毎日の練習で技を身につけても，心理面が弱ければプレッシャーなどの原因で実力を発揮できないであろう．一方，「体（体力，持久力，筋力，身体のバランス）」が弱ければ，技の発揮が難しく，疲労で集中力が低下し，ケガの原因となるかもしれない．つまり，心技体のバランスのよい練習をすることが，競技力向上に貢献すると考えられる．したがって，心技体のバランスを考慮した指導やサポートが選手の競技力向上，リハビリの充実，心の健康面においても向上をもたらすのである．

4. 心理的スキルトレーニングの活用

1）心理的サポートとは

心理面のサポートに関しては，スポーツ

図3 ● 1年間・毎月のスケジュール用紙

今度は，あなたの夢や目標を達成するために必要な今年・毎月のリハビリやトレーニングスケジュールを書いてください．

	試合名	日付	場所	チームのトレーニング	あなた個人のやるべきこと
4月					
5月					
6月					
7月					
8月					
9月					
10月					
11月					
12月					
1月					
2月					
3月					

これを書いてやる気が高まりましたか？それとも自分が何といいかげんで，行き当たりばったりだったか気づきましたか？これを書いた感想を書いてください．

図4 ● 1週間・毎日のリハビリ・トレーニングスケジュール用紙

まず，自分がどのような毎日を過ごしているのかを自己分析し，次にあなたのリハビリや練習時間を書き，その後に自分の秘密（自分でやる自主レン）のトレーニング時間を書いてみましょう．

	月	火	水	木	金	土	日
5:00							
6:00							
7:00							
8:00							
9:00							
10:00							
11:00							
12:00							
13:00							
14:00							
15:00							
16:00							
17:00							
18:00							
19:00							
20:00							
21:00							
22:00							
23:00							
24:00							
1:00							
2:00							
3:00							
4:00							

(1) これを書いた後の感想を書いてみてください．
(2) あなたは，自分が最高度にうまくなるために24時間をうまく活用していますか？
(3) あなたが今日・今週，何をすればいいのか考えるきっかけにしましょう．

メンタルトレーニング指導士という資格を持った専門家がいる[2]．例えば，心理面のサポートとして，①競技力向上を目的としたメンタルトレーニングからのアプローチ，②メンタルヘルスなどに関連した臨床スポーツ心理学からのアプローチ，③教育や研究からのアプローチを行う．このうちアスレティックトレーナーに役立つものとして，メンタルトレーニングを紹介したい．これは，専門用語では「心理的スキルトレーニング」といわれ，スポーツ心理学の研究で実証された「心理的スキル」をトレーニングするというものである．

基本的な心理的スキルには，①目標設定，②リラクセーション＆サイキングアップ，③イメージ，④集中力，⑤プラス思考（ポジティブシンキング），⑥セルフトーク，⑦試合に対する心理的準備，⑧コミュニケーションスキル，⑨チームビルディング（チームワーク）がある．このような心理的スキルの効果を高めるために，パッケージ（プログラム）化してトレーニング（強化，準備）する方法がよく使われている．

2）選手の心理的側面の分析

スポーツ心理学では,「心理的競技能力診断検査」などのスポーツ選手用の心理テストが作成され,心理的側面の分析に使われている[11].本来ならば,スポーツメンタルトレーニング指導士と協力してこのスポーツ心理テストを利用してほしいが,市販されているのでアスレティックトレーナーでも使うことは可能である.ケガをした選手の心理面をチェックし,リハビリ時の心理面の評価としても活用できる.

3）イメージトレーニング

ケガをした選手が落ち込む原因として,「練習ができない」ために「チームメイトやライバルに取り残される」「大切な試合に出られない」という思いが大きいと考えられる.そこで,アスレティックトレーナーがリハビリをする選手にアドバイスできるトレーニング方法の1つに「イメージトレーニング」がある.イメージトレーニングは基本的には,新しい技術を身につけるときや試合で実力を発揮させるときに有効な方法であるが,特に,身体を使わなくてもできるという利点がある.

具体的には,ケガをして練習に参加できないとき,チーム（他人）の練習を見ながら,自分だったらあの場面でこのようにしてプレーする,ここをこうすればもっと効果的だなどを考える（イメージする）のである.病院のベッドで動けない状態であっても,パソコンやDVDで自分の試合やプレーを見ながらでもイメージトレーニングはできる.このイメージトレーニングの段階が上がれば,試合会場,試合前,試合直前,試合開始,試合の途中での不利な場面,ハーフタイムなどの試合中の気持ちの切り替えができる場面,試合終盤の有利または不利な場面,試合後の表彰台や仲間との喜びのシーンなど,イメージを使いリハーサル（シミュレーション）をする.これを行い心理的準備をして,気持ちの余裕や自信を持って復帰できれば,その後の試合での実力発揮や勝利への可能性を高めることができる.簡単にいえば,イメージトレーニングという方法で自分の技術や戦術面を向上させると同時に,頭の中で成功体験を何度も経験し,自信をつけたり,何が起きても動揺することなく,いつもどおりの実力を発揮できるように心理面を強化したり,復帰後の準備をするのである.

スポーツの現場では,イメージトレーニングは身体を使わない練習という誤解がいまだあるようである.しかし,イメージは身体運動と切り離せない関係にあるので,身体活動とイメージをうまく組み合わせて,例えば,全身を使えなくても,手や足,または身体の一部分を軽く動かしながら,頭の中で作る成功イメージを神経や筋肉に指令を送るような感覚でトレーニングを行うとより効果を高めることができるのである.

イメージトレーニングをより効果的に実行したいならば,スポーツメンタルトレーニング指導士などの専門家に,理論的背景や段階的なトレーニング方法などのアドバイスを受けるほうがよいだろう.そのためにはアスレティックトレーナーとスポーツメンタルトレーニング指導士のチームワークが重要になる.

4）イメージトレーニングの具体的な方法

スポーツ心理学の多くの研究からは,リラクセーションをしてからイメージトレーニングを実施すると効果があるといわれている[4].そのために専門家は,まずリラクセーショントレーニングを選手に指導してから,イメージトレーニングを実行させる.例えば,①リラクセーション音楽,②スマ

イル，③上を向く，④セルフマッサージ，⑤声を出したあくび，⑥呼吸法，⑦呼吸に合わせたストレッチ，⑧漸進的筋弛緩法，⑨横になっての全身的弛緩法，⑩簡単なイメージトレーニング，⑪簡素化した自律訓練法，⑫メディテーション，⑬消去動作というパッケージ化されたプログラムを実行してからイメージトレーニングをする．これは，毎日の練習前に必ず実行してほしい心理的準備のプログラムである．このプログラムは，ケガをした選手にとっても手軽に行えるトレーニングなので，セルフコントロール能力を高める目的と同時に，集中力向上やイメージトレーニング前の準備としても勧めたい[10]．

次に，メンタルトレーニングでは，練習日誌をイメージトレーニングの道具と位置づけている．例えば，過去を思い出す，ミスや欠点を修正する（現在），明日の試合や練習でどうするかプランする（未来）というイメージトレーニングを練習日誌に書くのである．これは，学校の授業の予習・復習と同じで，練習の質を高めることはもちろん，モチベーションを高める方法としても有効で，リハビリ中でもできる方法である[10]．つまり，リハビリの進展具合だけでなく，自分が復帰したらこうしたいという未来へのイメージトレーニングに活用できるし，過去の日誌を見ながら試合やプレーの反省や評価をするとともに未来へつなげるイメージトレーニングも可能である．メンタルトレーニングを指導する専門家は，選手にこの練習日誌を自分のデータベースとして記録し，それを未来へ活用するという方法を紹介し，実践することを指導するのであるが，アスレティックトレーナーが，このような方法の紹介もしてほしいと考える．

5）集中力を高めるテクニック

スポーツにおいて，「集中力」とはよく使われる言葉であるし，非常に重要な心理的スキルである．石井らの研究[12]では，指導者に対する，「練習で一番大切なものは何ですか」という質問の回答で，「集中力」が一番多かったが，集中力を高める方法については，経験的なものがほとんどだったそうである．この研究から，集中力が大切だと考えているのに，それを高める具体的なトレーニングはやっていないということがわかった．

そこで，ケガをした選手がリハビリをするときこそ，この集中力を高めるトレーニングを勧めたい．ここでは，あえて理論的な解説を避け，アスレティックトレーナーが選手に紹介できる集中力を高めるためのテクニックを解説する

スポーツのいろいろな場面で，集中力を高めたり，気持ちを切り替えたりする目的で，「プリ・パフォーマンス・ルーティーン」が使われる．一般的には，「ルーティーン」と省略されて使われるが，これはイチロー選手が打席に入る前に一定の動作をし，最後は打席でのバット回しをすることが代表的な例である．簡単にいえば，選手が落ち着くリズム，平常心になれる呼吸，気持ちが切り替わり集中できる「成功へのパターン（手順）」を行うという方法である．具体的には，数秒でできる1つのパターンを作り，それを何度も繰り返し練習して，こうすれば絶対に気持ちが落ち着き集中できるという成功のルーティーンを自分のテクニックとして身につけるのである．

また集中力を高めるテクニックとして，「フォーカルポイント」というものがある．これは，練習・試合場における旗や国旗掲揚のポールなど，自分で決めたポイント（物，道具，場所）を見ることで，集中

第4章

力を高めるきっかけとするテクニックである[10]．さらにイメージトレーニングのところで紹介したリラクセーショントレーニングには，集中力を高めるプログラムが含まれているので，リハビリの合間に集中力を高め，気持ちの切り替わる方法を身につけるという考えはいかがであろうか．

6）プラス思考のトレーニング

ケガをした選手の心理的面での最大の課題は，「落ち込み」「不安」「フラストレーション」「焦り」である．ここで紹介するポジティブシンキングの心理的スキルは，「プラス思考」とも呼ばれ，ネガティブシンキング（マイナス思考）をプラス思考にするためのトレーニングである．しかし，ただ単純にすべてをプラス思考にすればよいというものでもなく，また「プラス思考になれ！」と口で言うのは簡単だが，これを実践するには，トレーニングが必要であることを理解してほしい．

そこで紹介するのがこのトレーニング方法としてよく使われる「セルフトーク」という「ひとり言」である．スポーツ選手のみならず人は，普段の生活でもひとり言を口にする．例えば，「え！」「うそ！」「よし！」「OK！」など，つい口から出る言葉であり，それは自分のその瞬間の考えである．しかし，選手の頭の中がプラス思考でなければ，なかなかポジティブなセルフトークはできないものである．そのために意識して「ポジティブなセルフトーク」をして，頭の中をプラス思考にしようというのである[10]．

またケガをした選手は，ネガティブな言葉を使うことが多いし，そのケガそのものやリハビリ，そのときの不安やフラストレーションを友達との会話の中でも使いがちである．そこで，日常生活の中で，常にポジティブな言葉を使う会話をしてトレーニングする．これは，頭の中がプラス思考でなければ，ポジティブな会話ができないという考えから，ポジティブな会話をすることでプラス思考にするというコミュニケーションのトレーニング方法である．

興味深いことに，トップレベルの選手ほど会話の中に「感謝」の気持ちやポジティブな会話をする人が多い．逆にいえば，トップになれない選手は，不平・不満，愚痴，他人や環境への陰口などが多いと考えられる．このことから，感謝の気持ちを持つことや感謝の言葉を口に出すこと，楽しい会話，気持ちのよい挨拶などは，プラス思考になるためのテクニックになるといえる．マイナス思考になりがちなケガをした選手に接するアスレティックトレーナーこそポジティブなコミュニケーションを心がけてほしいし，選手にこのプラス思考のトレーニングを紹介してほしい．

7）気持ちの切り替え

「気持ちを切り替えろ」とは，スポーツの現場では当たり前のように使われる言葉である．しかし指導者も選手も口では言うものの，何をどうしたら気持ちが切り替わるのかの指導や説明がないのが現状である．具体的には，「集中力を回復する，弱気から強気になる，過去（ミス，点数）を忘れて今できることを考えよ」などという表現ができると考えられる．つまり，先に説明したプラス思考や集中力の心理的スキルを活用すればよいのである．このように，気持ちを切り替えることも「メンタルトレーニング」として実施されるようになってきた．アスレティックトレーナーが，ケガをした選手に「ケガを受け入れること」「気持ちを切り替えること」など，リハビリから復帰までには，身体面だけでなく心理面も含めた質の高いサポートをしていくために，このスポーツ心理学を学び，役立ててもらいたい．

【文献】
1) 高妻容一：運動と心理　トレーニング指導者テキスト：理論編．大修館書店，pp.135-157，2009．
2) 日本スポーツ心理学会：スポーツメンタルトレーニング教本．大修館書店，2009．
3) 加賀秀夫：スポーツ心理学とは．日本体育協会（編）C級コーチ教本，共通科目前期用，pp.51-54，1988．
4) 高妻容一：今すぐ使えるメンタルトレーニング：コーチ用．ベースボールマガジン社，2003．
5) 市村操一：トップアスリーツのための心理学：スポーツ心理学入門．同文書院．1993．
6) 上田雅夫　スポーツ心理学ハンドブック．実務教育出版，2000．
7) 高妻容一監訳：大リーグのメンタルトレーニング．ベースボールマガジン社，2006．
8) 日本体育協会：公認スポーツ指導者養成テキスト：共通科目Ⅱ．2005．
9) 高妻容一：今すぐ使えるメンタルトレーニング：選手用．ベースボールマガジン社，2002．
10) 高妻容一：基礎から学ぶ！メンタルトレーニング．ベースボールマガジン社，2010．
11) 徳永幹雄：教養としてのスポーツ心理学．大修館書店，2005．
12) 石井源信ほか：ジュニア期における優秀指導者の実態に関する調査研究　平成6年度日本オリンピック委員会スポーツ医・科学研究報告．日本体育協会スポーツ科学研究報告集．pp.5-50,1995．

セルフチェック

STEP 1

問 1 スポーツ心理学について，以下の_____に適切な語句を入れてみましょう．

1. スポーツ心理学は，_____にかかわる事象や問題を_____する学問である．

2. スポーツ心理学は，スポーツにおける_____を研究・_____する学問であり，スポーツをするうえで，選手の「_____」にかかわる部分と運動やスポーツが「人間の心理面（_____）」にかかわる部分がある．

STEP 2

問 1 アスレティックトレーナーが，スポーツ心理学をどう応用するかをそれぞれ簡潔に述べてみましょう．

心理面を考慮した指導法

メンタル面の強化

心の健康（メンタルヘルス）

イメージトレーニング

集中力を高めるトレーニング

プラス思考のトレーニング

STEP 3

問 1 アスレティックトレーナーがケガをした選手とコミュニケーションする際の実践例を述べてみましょう．

問 2 アスレティックトレーナーがケガをした選手のリハビリに対するモチベーションを高める方法の実践例を述べてみましょう．

問 3 アスレティックトレーナーがケガをした選手のメンタル面強化のアドバイスをするときの実践例を述べてみましょう．

（高妻容一）

解答編

第1章 トレーニング科学

STEP 1
問1
1. 運動の種類　強度　継続時間　セット数　休息時間　実施頻度　2. 伸張　ボックスジャンプ　ハードルジャンプ　接地時間

STEP 2
問1
トレーニング刺激によって低下した身体機能が，休養によってトレーニング前の水準を超えること

問2
SSCとは，筋が伸張された直後に短縮する収縮形態であり，腱に貯蔵された弾性エネルギーを後に続く短縮局面への素早い移行によって効果的に再利用することができる．そうすることで，主運動の終末局面に発揮されるパワーを高めることが可能となり，高い競技パフォーマンスを生み出すことにつながる

問3
$\dot{V}O_2max$
最大酸素摂取量．1分間に身体に取り込んで利用できる酸素量の最大値
LT
乳酸性作業閾値．血中乳酸濃度が急激に上昇を始める運動強度を示している
OBLA
血中乳酸濃度が4mmolに達した際の運動強度．全身持久力の指標とされる

第2章 バイオメカニクス

STEP 1
問1
①重力，②垂直抗力

STEP 2
問1
キネマティクス
現象として現れる動きを何らかの手法を用いて客観的にとらえる方法の総称．高速度ビデオによる動作の撮影やモーションキャプチャシステムによる分析などが含まれる
キネティクス
身体運動に力学を応用し，身体各部に作用する力や関節に作用するトルクなどを定量しようとする手法
コンピュータシミュレーション
コンピュータを用いてフォワードソリューション（順ダイナミクス）を実現する手法

問2
パフォーマンス向上のメカニズムを客観的に明らかにし，競技力向上に寄与すること．および，傷害発生のメカニズムを明らかにすることによって，傷害予防に貢献すること

問3

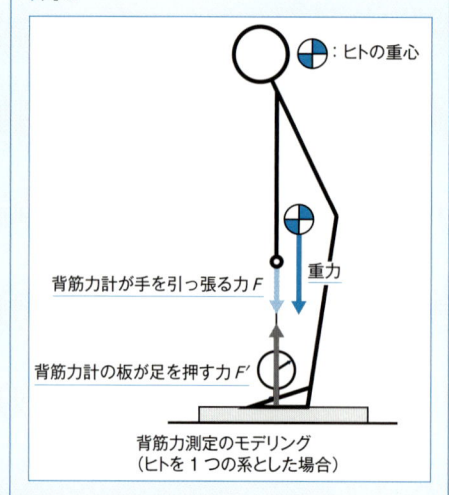

問4
$h_{max} = \frac{1}{8}gt_f^2$ より

$h_{max} = \frac{1}{8}(9.8)\left(\frac{600}{1,000}\right)^2$ より

答え　44.1cm

問5
持ち上げるとき
仕事量＝力×距離
　　　＝mg×0.4
　　　＝70×9.81×0.4
　　　＝274.7（J）
降ろすとき
仕事量＝力×距離
　　　＝mg×（−0.4）
　　　＝70×9.81×（−0.4）
　　　＝−274.7（J）

問6
パワー＝3×9.8×90／60×6
　　　＝264.6（watt）

問7
0.05×F＝200（Nm）より
F＝4,000（N）
0.3×F′＝200（Nm）より
F′＝666.7（N）

第3章 運動生理学

STEP 1
問1
①遠心性伝，②外側皮質脊髄路，③前皮質脊髄路，④求心性伝，⑤感覚ニューロン

問2
①ATP-PCr系，②酸化系，③解糖系，④短，⑤長，⑥高，⑦低

STEP 2
問1
神経からの興奮が筋線維に伝えられ，それが筋線維内部の筋原線維に到達し，筋節が短縮することにより筋全体が収縮する．この神経と筋の連動による筋収縮の一連のシステムを興奮収縮連関と呼ぶ

問2

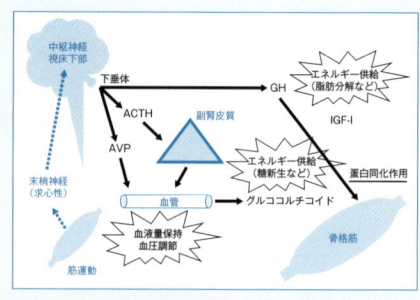

問3
安静時の骨格筋血流量
　5 l/分×0.2＝1 l/分
激運動時の骨格筋血流量
　25 l/分×0.85＝21 l/分
　21 l/分÷1 l/分＝21
よって，激運動時の骨格筋の血流量は安静時の21倍になる

問4
エネルギー消費量（kcal）
　＝1.05×エクササイズ（METs・時）×体重（kg）
　＝1.05×25（エクササイズ）×60（kg）
　＝1,575kcal

第4章 スポーツ心理学

STEP 1
問1
1. スポーツ　研究，2. 心理的側面　応用　競技力向上　心の健康

STEP 2
問1
心理面を考慮した指導法
ケガをした選手の心の健康（落ち込み，不安，焦り，フラストレーション），またケガのために身体を使った練習ができないからこそ心理面の強化をするという考え方を紹介する
メンタル面の強化
ケガやリハビリで，練習ができないときや，プレッシャーに打ち勝ち，試合で実力を発揮するため，練習の質を高めて上達を促す目的のメンタルトレーニングを紹介する
心の健康（メンタルヘルス）
運動やスポーツをすることで，気の合った仲間と楽しい時間を過ごし，仕事や勉強から離れて，ストレス解消や心のリフレッシュなどをすることができる．しかし，運動やスポーツをすることで，監督の厳しい指導や競争でストレスがたまり，心が健康ではない状態に陥ることもある．特に，ケガをしたときの落ち込み，不安，心配などのフラストレーションに関する選手の心の健康を考慮する
イメージトレーニング
練習できないために「チームメイトやライバルに取り残される」と落ち込んでいるケガをした選手に対してはイメージトレーニングの身体を使わなくてもできるという利点を活用し，例えばチーム（他人）の練習を見ながら，自分だったらあの場面でこのようにして

プレーするなどとイメージをするよう働きかける．病院のベッドで動けない状態でも，DVDなどで自分のプレーや試合を見ながら行うことができることやリハビリの進展具合だけでなく，自分が復帰したらこうしたい（なりたい）というイメージトレーニングや準備もできる練習日誌の紹介をする

集中力を高めるトレーニング
選手が自ら集中できる「パターン（手順）」，例えば，数秒でできる1つのパターンを作り，それを何度も繰り返し練習して，こうすれば絶対に集中できるというルーティーンを自分のテクニックとして身につける「プリ・パフォーマンス・ルーティーン（ルーティーンと省略）」，また，練習・試合場の旗など，自分で決めたポイント（物・場所）を見ることで集中力を高めることができる「フォーカルポイント」などを紹介する

プラス思考のトレーニング
ケガをした選手の心理的側面での最大の課題である「落ち込み」「不安」「フラストレーション」「焦り」などのマイナス思考をプラス思考にするために，例えば，「セルフトーク」という「ひとり言」を，意識して「ポジティブなセルフトーク」に変え，頭の中をプラス思考にするトレーニングを紹介する．また「ネガティブな言葉」を使うことが多いケガをした選手には，日常生活の中で常に「ポジティブな言葉」，例えば感謝の言葉を口に出す，楽しい会話，気持ちのいい挨拶をするなどでプラス思考に切り換えるトレーニングを紹介する

検印省略

公認アスレティックトレーナー専門科目テキスト ワークブック

スポーツ科学

定価（本体 2,400円＋税）

2011年1月27日　第1版　第1刷発行
2018年2月9日　　同　　第6刷発行

監修者　公益財団法人 日本体育協会指導者育成専門委員会
　　　　　　　　　　アスレティックトレーナー部会
編集者　山本　利春（やまもと　としはる）
発行者　浅井　麻紀
発行所　株式会社 文 光 堂
　　　　〒113-0033　東京都文京区本郷7-2-7
　　　　TEL（03）3813-5478（営業）
　　　　　　（03）3813-5411（編集）

Ⓒ公益財団法人 日本体育協会・山本利春，2011　　印刷・製本：広研印刷

乱丁，落丁の際はお取り替えいたします．

ISBN978-4-8306-5176-2　　　　　　　　　　　Printed in Japan

・本書の複製権，翻訳権・翻案権，上映権，譲渡権，公衆送信権（送信可能化権を含む），二次的著作物の利用に関する原著作者の権利は，株式会社文光堂が保有します．
・本書を無断で複製する行為（コピー，スキャン，デジタルデータ化など）は，私的使用のための複製など著作権法上の限られた例外を除き禁じられています．大学，病院，企業などにおいて，業務上使用する目的で上記の行為を行うことは，使用範囲が内部に限られるものであっても私的使用には該当せず，違法です．また私的使用に該当する場合であっても，代行業者等の第三者に依頼して上記の行為を行うことは違法となります．
・JCOPY〈出版者著作権管理機構 委託出版物〉
本書を複製される場合は，そのつど事前に出版者著作権管理機構（電話 03-3513-6969，FAX 03-3513-6979，e-mail：info@jcopy.or.jp）の許諾を得てください．